自由式的科學化訓練

從動作原理、技術練習到訓練課表，
教你如何降低水阻、建立水感、增加推進力，
游得輕鬆又快速。

徐國峰—著

生活風格　FJ1065

自由式的科學化訓練：
從動作原理、技術練習到訓練課表，教你如何降低水阻、建立水感、增加推進力，游得輕鬆又快速

作　　　者　徐國峰
攝　　　影　林駿豪
編　　　輯　謝至平
編 輯 總 監　劉麗真
副 總 編 輯　陳雨柔
事業群總經理　謝至平
發 行 人　何飛鵬
出　　　版　臉譜出版
　　　　　　城邦文化事業股份有限公司
　　　　　　115台北市南港區昆陽街16號4樓
　　　　　　電話：886-2-25000888　傳真：886-2-25001951
發　　　行　英屬蓋曼群島商家庭傳媒股份有限公司城邦分公司
　　　　　　115台北市南港區昆陽街16號8樓
　　　　　　客服專線：02-25007718；25007719
　　　　　　24小時傳真專線：02-25001990；25001991
　　　　　　服務時間：週一至週五上午09:30-12:00；下午13:30-17:00
　　　　　　劃撥帳號：19863813　戶名：書虫股份有限公司
　　　　　　讀者服務信箱：service@readingclub.com.tw
　　　　　　城邦網址：http://www.cite.com.tw
香港發行所　城邦（香港）出版集團有限公司
　　　　　　香港九龍土瓜灣土瓜灣道86號順聯工業大廈6樓A室
　　　　　　電話：852-25086231或25086217　傳真：852-25789337
　　　　　　電子信箱：hkcite@biznetvigator.com
新馬發行所　城邦（新、馬）出版集團
　　　　　　Cite（M）Sdn. Bhd.（458372U）
　　　　　　11, Jalan 30D/146, Desa Tasik, Sungai Besi,
　　　　　　57000 Kuala Lumpur, Malaysia
　　　　　　電話：603-90563833　傳真：603-90562833

一版一刷　2019年7月
一版四刷　2024年8月

城邦讀書花園
www.cite.com.tw

ISBN 978-986-235-751-4

國家圖書館出版品預行編目資料

自由式的科學化訓練：從動作原理、技術練習
到訓練課表，教你如何降低水阻、建立水感、
增加推進力，游得輕鬆又快速/徐國峰著
. -- 一版. -- 臺北市：臉譜，城邦文化出版：家庭
傳媒城邦分公司發行, 2019.07　面；　公分. --
（生活風格；FJ1065）

ISBN 978-986-235-751-4（平裝）

1.游泳　2.運動訓練

528.961　　　　　　　　　　　　　108007012

— 目次 —

【致謝】

　　這本書之所以能完成要感謝許多人。感謝最早教會我游泳的徐義杰老爸，因為高中時他帶我去中壢四季早泳會訓練，才再度引起我對泳訓的興趣。感謝清華大學游泳隊李大麟教練和隊友們，因為你們引我入門，我才認識到訓練為何物，也才體會到訓練真正的樂趣。感謝引我進入東華大學的貴人吳冠宏老師，因為他我才有機緣進入東華大學中文研究所並參加鐵人隊。感謝當時鐵人三項代表隊的教練班哲明（Benjamin Rush）與主任李再立，因為你們在東華大學創造了美好的鐵人三項訓練環境，我才得以深入認識游、騎、跑這三項運動。

　　感謝 Simon 和志榮在我退伍之後創立了 Featherlight 鐵人隊，讓我能繼續待在花蓮延續鐵人生命，因為那一段時光的醞釀，才能在後面幾年有更多的書寫與教學能量。感謝黃光佑協助我籌備游泳訓練營，讓我在本書第四章設計的 400 公尺課表，得以用在三鐵愛好者身上。謝謝 Jason 的引薦，讓我認識吳志銘老師，在他的幫助下接觸到「FINA 泳分」的概念，才能進一步發現各項成績中的規律。感謝梁友瑋與艾英偉教授，由於你們我才能更深入地認識活動度、穩定度的量化和訓練方式，以及反射性能重置技術（reflexive performance reset, RPR）。感謝林駿豪協助陸上與水下的拍攝，這本書才能有清晰的圖片與影片可用。感謝 Speedo 與永和運動中心提供場地，感謝張芳語、蕭永程、劉明濬與林宸宇協助書中的動作示範，更感謝蔡燿駿與黃均莉協助各種拍攝事宜，沒有你們，這本書在技術與力量訓練動作的專業度上絕對會差上一截。

感謝尼可拉斯・羅曼諾夫博士（Dr. Nicholas Romanov）創立 Pose Method，以及他多年來對我的教誨，儘管不常見面，但每次與會都能學到很多知識與產生新的連結，我相信你的 Pose Method 理論未來一定可以改變世界。這已是現在進行式，因為它不但改變了我，同時也改變了許多運動愛好者的人生。

最後，要感謝老媽李月嬌、小弟徐國修、小妹徐婉婷多年來容忍我的疏離。求學時就不太常回家，近幾年更是頻繁出差教學、開會，回到家又必須獨自埋首教案、書寫與翻譯，感謝太太和女兒在這段時間長期容忍我的孤僻。

【前言】為什麼想寫這本書

國內有關自由泳的訓練書籍並不多[1]，一方面是許多人認為游泳無法紙上談兵，另一方面則是研究游泳的人太少了，相對來說教游泳與學游泳的人則很多。我在大學時代加入游泳隊，在學期間也靠教小朋友游泳打工了好幾年，離開學校後則開始教成人游泳，大部分是鐵人三項的愛好者，也包括東華鐵人隊的隊友和學生，他們想提升成績所以找我諮詢或指導動作，也受邀分享游泳的訓練理論與教學經驗。

因為喜歡練游泳，也喜歡研究，開始教學之後就想把自己積累起來的知識與經驗有系統地整理出來，所以在二〇一二年寫了《在水裡自由練功》。出版後許多讀者表示這本書對他們的幫助很大。這些年以來，我對於「理論」、「訓練」和落實到「課表」的方法，有了更深入地理解，因此才有這本新作《自由式的科學化訓練》。

本書是為誰寫的？

《自由式的科學化訓練》主要是寫給已經會游自由式的人。

如果你還完全不會游自由式，這本書並不適合你。也就是說，這本書不適合從零開始的初學者，想「學會」游泳，應該請教練幫你；本書適合「已經會游自由式」，而且想學習游泳理論與訓練方法的人。因此在閱讀之前，你至少要能用自由式在泳池連續游 400 公尺以上。「從完全不會游泳到會游泳」這件事對成人來說很難只靠書本做到，想跨過旱鴨子的門檻，最好是在教練、友人或是影音教材等外在助力的輔助下比較容易達成。

是寫給長大後才學會游泳的人

對那些小時候就已學會游泳的人來說，儘管過了好一陣子沒游，下水後還是能很快掌握到水中世界的前進原則。這就像騎單車與說母語一樣，只要小時候學會了，大腦就會記得。但若是成人以後才開始學游泳，就會變得像進入另一個陌生國家重新學習另一國語言那樣困難。對於已經習慣中文的我們要再重新學習第二外語，腦中定型的中文思維與發音方式會使學習更加困難。就像大人的身心已經習慣陸地上的移動方式，因此水中就像是另一個星球一樣，要花更多的時間才能適應。

雖然只要努力所有人都可以學會游泳，但我們的身體因為是在陸地上成長的，肌肉和關節已經發展成陸地上的支撐與移動方式，所以那些有助於水中移動的相關肌肉群很難在水中啟動。除了太弱小無法使用，很大一部分原因是，你根本不知道如何動用那些本來就有的穩定肌群，來幫助自己保持平衡、減少水阻，或是如何利用軀幹來幫助自己划手。那些從小練到大的游泳選手的身體，在成長階段就一直在水中進行訓練，因此能下意識地運用各部肌肉在水中移動與穩定身體，但對成年後才學游泳的人就很困難。雖然成型的事實無法改變，但經由正確的努力還是能學會游泳的技巧。所以書中精選出許多開發自由式技術所需的力量訓練方式，主要就是在幫助長大後才學會游泳的人縮短學習時間。

是寫給想游得更好更快的人

對已身處「會游泳」這一端的你而言（以能連續用自由式游 400 公尺來當標準），是否時常看著泳池裡那些優美流暢的泳者們，同時想著「要怎麼樣才能游得像他／她們一樣好呢？」自忖著「為什麼游了這麼多年，還是沒有剛學會游泳的小朋友快呢？」是否曾懷疑「自己天生的身體素質不適合游泳？」到底如何才能像專業游泳選手一樣，游得快又流暢優美？該如何練習？又該練些什麼？如何游得更輕

鬆省力？划手與打水的技術有沒有一套標準系統可供學習？這些問題，即是這本書要探討與呈現的。

　　游泳的進步需要透過「體能訓練」、「力量訓練」與「技術練習」才能達成。圖書館裡有許多教人游泳的書籍，網路上也有不少教學影片，卻很少解釋每一個動作或姿勢背後的原理，「為什麼要那樣練？」「為什麼要那樣游？」本書則在說明技術和身體素質（包括肌力和體能）之間的關係，不只是陳述技術的標準動作，更進一步解釋每一個動作背後的力學原理。而你所追求的速度，正是建立在體能──力量　　技術的二元素上，缺一不可。書中分別詳細說明這三者的訓練方式，以及如何安排才能讓你游得更快。

是寫給熱中訓練的游泳與鐵人三項愛好者

　　我身邊有許多熱中游泳與鐵人三項訓練的老師、學生、工程師、生意人與一般上班族。他們每週花十幾個小時訓練，但成果有限。我發現最大的問題在於他們從事訓練時只著重「訓練量」，而忽略了技術與力量的訓練。因此長久下來，有氧耐力雖然練得非常強大，成績卻進步有限。本書的目的，就在幫助這群人重新思考游泳訓練的方向和內容：訓練不應只是一次游 3000 公尺，更要包括活動度、穩定度、力量與技巧等訓練身體各種面相的能力。如果你是一位有心想進步的游泳愛好者或鐵人三項選手，就必須多管齊下，在訓練課表中安排各項元素，並把這些元素組裝起來，才能有效進步。

理論與訓練法

　　為了滿足上述需求，我開始大量閱讀國外自由式訓練的相關出版書籍與影片，目的是先確認訓練「理論」。因為過去的經驗告訴我：如果理論中的某些內容是由

建構者「發明」出來的，而非從長期的研究中所「發現」的本質（不變的元素），那後續所衍生出來的訓練法就會有所偏誤。訓練理論是訓練法的根源，理論對了，訓練法才會跟著對。反之，若理論有誤，訓練法就會跟著走入歧途，有時候歧途會影響選手一生的成就，因為經年累月的偏見和舊習慣很難改正。

任何影響深遠的理論都是從長時間的觀察下所建構出來的。理論的建構者必須花時間從各種角度「觀察」與「思考」，在這個階段先不要發表任何意「見」，也不要去「解」釋觀察到的結果是什麼，只是客觀地觀察現象，再進行思考，透過反覆辯證，試著去找出不變的元素，從不變的元素中歸納出該項運動的本質，如同宋儒「格物致知」的精神一樣，這是形成正確理論的重要前置作業。太快下結論，會讓人太早停止「觀察與思考」（考察），不夠周延的「考察」，時常導致偏差的見解與理論，最後使人設計出偏離自然規律的訓練方法。因此，設計訓練法的基本邏輯應是：

觀察→思考→見解→理論→訓練法

理論只是工具。再好的工具也要人去學習、練習與使用，才能發揮它的最大功效。所以我們必須先了解理論背後的意義與價值，然後把它們「轉化為」訓練法，才能幫助泳者進步。我不是運動科學家，沒有在學術界做過真正的科學研究，也沒有能力建構理論，但我能做的是：研究別人的研究結果，挑選優質的理論，確認該理論是否符合自然科學的基本原則，再進行「轉譯」，讓眾多游泳訓練的愛好者能了解與操作。這正是我寫這本書的初衷。

我是一位轉譯者：從訓練、研究到游泳寫作之路

我從小就不怕水，也會游泳，但對於訓練一直沒有概念。高中時父親帶我到中

壢四季早泳會晨泳，一些國中小學的泳隊也在其中幾個水道訓練，在岸上觀看時覺得他們游得還不錯，但下水之後才驚覺彼此的實力差距甚大。每次他們從隔壁水道超越我時，就好像自己漂浮在水中靜止不動似的，他／她們一下就把我刷過去了。「明明我的力量比較大，他們怎麼可以游得如此輕鬆優美，又這麼快呢？」「優美的泳姿，到底是來自天分還是努力？」

「天分」是我直覺所下的結論。他／她們一定是有游泳天分，特別被教練挑選出來的小選手。

二〇〇一年上了大學，因緣際會下加入清交泳隊，開始從事正規的游泳訓練，最初我以為自己體力不足，所以拚命想跟上學長姐的速度，跟不上也安慰自己「等體力練起來就會進步了」，但結果是體力真的進步了，甚至進步到每年清華大學環校路跑第一名，但游泳成績卻一直停滯不前。直到下苦功跟教練和學長姐修正技術後，才慢慢地輕鬆游出過去拚命才能達到的速度。我也逐漸了解，對於會游泳而想更精進的人而言，學習技術是最優先的事。不過先了解什麼是水中有效前進的力學原理，才不會在練習過程中不斷重複錯誤與沒有效率的動作。當動作一旦變成習慣，想要重新調整就得大費工夫！因此一開始先認識什麼才是有效率的技術，把正確的技術放進大腦中，對想游得更好的人來說是首要目標。儘管身體的體能與力量還無法讓你做到技術上要求的某些動作，但先在大腦裡安裝屬於自由式的相關技術軟體，先求「知道」，才能「做到」。

在清交泳隊的那五年中，學會了有關游泳的各種事。直到現在，還是會聽到教練在清華泳池邊喊叫的關鍵技術動作提示語，尤其在當時身體和腦袋缺氧的情況下，那些技術重點的「叫練」聲，更加深刻地烙印在腦海深處，變成一輩子也忘不掉的水中低吟。每次下水就會記起，像是小時候背過的古詩，當時並不諳其中意涵，就算當時以為懂了，後來才知道是錯解。從一九九九年跟父親去中壢四季早泳會練習，二〇〇一年正式加入校隊練泳至今，已近二十年，愈練愈懂得那些「叫練」背後所隱藏的深意與原理。本書就是把我心中沉吟已久的技術重點，再結合近幾年研

究文獻、理論與訓練法的心得所整理出來的成果。

這些成果都不是我的，我只是一位「轉譯者」。

站在巨人的肩膀上：文獻檢討

我的書案上有兩本大部頭的主要參考文獻，分別是《游泳的科學》（The New Science of Swimming）[2] 與《游得最快》（Swimming Fastest）[3]。

《游泳的科學》由已故的世界級教練詹姆士・康希爾曼（James Counsilman, 1920~2004）與他的兒子布萊恩・康希爾曼（Brian E. Counsilman）所著。詹姆士是泳壇歷史中最優秀的教練之一，在他的指導之下，美國從一九六四至一九七六的四屆奧運會中，總共奪得了四十八面游泳獎牌（十七面金牌、十八面銀牌、十三面銅牌）。他麾下最有名的選手是被泳壇稱為「水怪」的史畢茲（Mark Andrew Spitz, 1950~），他在一九七二年的慕尼黑奧運上一舉奪得七面金牌，成為史上第一位在當屆奧運會上獲得最多金牌的運動員，這個紀錄直到二〇〇八年北京奧運會，才被麥可・菲爾普斯（Michael Phelps）的八面金牌打破。但史畢茲仍是奧運史上唯一一位所有參加的個人項目都奪得金牌，並且打破世界紀錄的運動員（他總共打破了三十三次的世界紀錄）。

詹姆士除了是帶起美國游泳實力的知名教練，更醉心於研究，《游泳的科學》就是他一生教學與研究的精華。這本書最初出版於一九六九年，當時他已經開始擔任美國國家游泳隊教練。新的這一版，則是他從教練身分退休後與兒子布萊恩一起完成的。他在這本書的前言中提到，生涯後期更專注於研究游泳的生物力學，布萊恩則負責理論與訓練法的建構[4]（James E. Counsilman, 1994, ix），他們一生的經驗和鑽研都整理在這本書中。

厄尼斯特・馬格利修（Ernest W. Maglischo）所著的《游得最快》，就像一本游泳訓練百科全書，任何跟游泳訓練相關的術語或知識，都可以在這本書中找到。

書中第一部重點在〈技術〉，總共有八章（第一～八章），分別談了：增加推進力與減少阻力的理論與指導原則，接著談自由式、蝶式、仰式與蛙式的技巧，最後談出發、轉身與終點觸牆的技巧。第二部共十一章（第九～十九章）的重點在「訓練」，先從運動生理學與能量代謝系統談起，接著談訓練的效益與大原則、耐力訓練、衝刺訓練、比賽配速、恢復訓練，以及針對不同比賽項目的訓練方式、訓練的監控、週期化訓練課表的規畫、減量的原則以及過度訓練的避免。第三部有三章（第二十～二十二章），主要談划頻、划距、熱身、比賽與配速策略。

但上面這兩本像教科書，比較適合運動科學的研究者閱讀，一般讀者難以轉化成實際的訓練法。另一本《鐵人科學》（Triathlon Science），是由國際級的鐵人三項教練喬福瑞（Joe Friel）所著，談的是游泳、騎車與跑步這三項運動，游泳的篇幅雖然不多，但書中把科學和訓練法融合在一起，許多論點都極具啟發性。

上述幾部書以理論科學研究的數據為主，並沒有一套可以依循的訓練體系。在研究前賢成果的過程中，我個人覺得最值得參考的體系是 Total Immersion[5]、Pose Method[6]、Swim Smooth[7]，這三個訓練體系比較完整，不只有理論，也有明確的訓練方法。他們像是游泳這門武功中的三個派別：Total Immersion 這一派主要著重在「減少阻力」這一面向；Pose Method 著重的是增加推進力的划手技巧與建立水感；Swim Smooth 則是強調划手的流暢度與各種實際的體能訓練方式。除此之外，另一本《泳速祕笈》（Swim Speed Secrets），是美國前奧運選手希拉·塔爾明娜（Sheila Taormina）所著，理論部分較為淺顯易懂，也轉化成實際的技術訓練動作，是我寫本書時重要的參考資料。

在撰寫這本書的過程中，我一直循著「觀察→思考→見解→理論→訓練法」的邏輯來思考，上述的文獻是前人關於游泳理論與訓練法建構的成果，非常值得借鑑，但也有前後矛盾或某些情況不適用的訓練法。我試著站在這些巨人的肩膀上再往前跨出一步，寫成這本《自由式的科學化訓練》。

本書綱要

這本書是想讓大家了解，只要努力且方法正確，每個人都可以游出優美的泳姿。而輕鬆、省力與優美的關鍵在「技術」，技術的基礎在「力量」，技術和力量的展現則需要「體能」。

體能→力量→技術→優美的泳姿與更快的泳速

許多人在訓練游泳時會先練體能，但其實只要能減少水阻，速度自然會變快，游起來也會更輕鬆。第一章〈想進步從減少水阻開始〉就是從理論著手，讓你知道水阻的成因有哪些，以及哪些訓練動作能改善泳姿，減少水阻。在沒有改善水阻的情況下，努力提升力量與體能的結果就是愈游愈費力、愈沮喪，所以減少水阻這個目標是技術訓練中最重要的第一步。

第二步才是〈提升水感與速度的技巧〉。一般人直覺認為想加速就使力向後推水，但用力推水就真能加速前進嗎？關於推進力的來源，游泳科學家們爭論了很久。在這一部分我們將討論加速度的來源、如何加速、划手各階段的要領為何、打水的目的、水感是什麼以及該如何訓練水感等。

想要練就減少水阻與提升速度的技巧，必須要有穩定的核心以及用手臂支撐身體的力量。但力量是什麼？自由式的力量訓練又有何特別之處？該練什麼？第三章〈游泳的力量，該怎麼練？〉就在說明以上幾個問題。

了解各項技術和力量的練法之後，再回到游泳表現的根本能力──「體能」。我們該如何從科學化的角度來進行體能的訓練？也就是說，如何決定自己 50、100 或 200 公尺的間歇該游多快才是最適速度。要確認泳速，需先知道自己當前的實力。第四章〈科學化訓練課表〉要引導讀者進行檢測，並透過測驗成績來找到對應的「泳力」以及對應的泳速區間。接著綜合前面的所有內容，我設計了一份以水感和技術

知覺開發為主軸的四週課表，並仔細說明這份課表裡的每一個元素、訓練流程與注意事項。

　　本書雖然是為已經會游泳的人而寫，教你如何用科學化的方式進行自主訓練。但幾乎每位游泳愛好者都會接到教游泳的任務，可能是自己、親戚或朋友的小孩，也可能是鄰居或是同事的請託。我在過去十年的教泳過程中，深感「自己練」與「教別人練」游泳是兩種不同的能力。所以本書最後附上〈如何教別人游泳〉，協助已經會游泳卻沒有教學經驗者，在接到教學任務時知道該如何展開，並提供教學方向的建議。所謂教學相長，教學過程中自己的泳技也會跟著進步，所以我每次教完後再游，水感特別好。

　　全書從技術論起，接著談力量、體能，最後統整成一份訓練課表，循序漸進地引你進入自由式的科學化訓練理論與方法中。我相信透過本書，你將更認識游泳，以及體會到更多游泳訓練的樂趣。

注釋：

1. 二〇一八年只出版了一本《游泳技巧指南》，二〇一七年出版了兩本訓練專書，分別是日本作者原英晃的《全方位游泳技術訓練教本：突破撞牆期，泳速立即提升！》，以及 Blythe Lucero 的《最佳游泳分解動作訓練 100 則》第二版（*The 100 Best Swimming Drills*）。目前國內比較廣為人知的魚式游泳，是二〇〇七年出版的《輕鬆有效的魚式游泳》（*Extraordinary Swimming for Every Body*）。

2. James E. Counsilman & Brian E. Counsilman, *The New Science of Swimming*. United States: Benjamin Cummings, 2nd edition, 1994

3. Ernest W. Maglischo, *Swimming Fastest*. United States: Human Kinetics, 2003.

4. James E. Counsilman & Brian E. Counsilman, *The New Science of Swimming*. United States: Benjamin Cummings, 2nd edition, 1994, ix

5. Total Immersion 在國內譯成「完全沉浸」或「魚式游泳」，《輕鬆有效的魚式游泳》（臺北市：聯經，2007 年出版）由泰瑞・羅克林（Terry Laughlin）所著，他還有其他七本著作與十一張教學 DVD。

6. Pose Method 的游泳理論，在《Pose Method 游、騎、跑三項運動技術》（*Pose Method of Triation Techniques*）（臺北市：臉譜，2018 年出版）中有詳細介紹。

7. Swim Smooth 教材目前尚無中文譯本，有興趣的讀者可參考原文著作 Paul Newsome & Adam Young, *Swim Smooth: The complete Coaching system for swimmers and triathletes*. WIELY NAUTICAL, 2012.

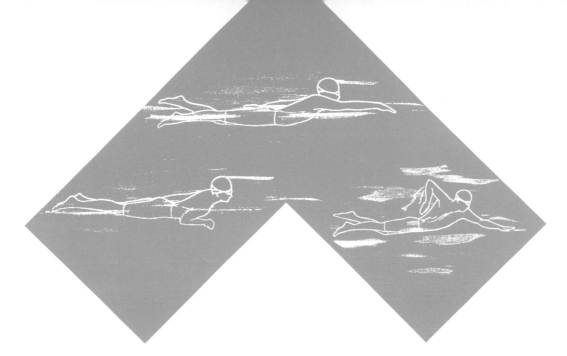

【第1章】

想進步從減少
水阻開始

1. 在水中必須先思考如何減少阻力

　　我們在陸地上之所以能夠移動，是因為地心引力把身體拉向地面，然後靠雙腳支撐才能走路、跑步或騎車。身體的重量全靠腳支撐，但在水中就不一樣了，地心引力把身體拉向水底，浮力卻同時撐起了身體，支撐點從雙腳擴展到全身，水阻也比風阻大了八百多倍。所以對於習慣只靠雙腳支撐前進的人來說，往往難以適應水中的力學環境與移動方式。但只要你有熱情與決心，願意多花時間待在水裡練習，讓身體與大腦習慣水中世界的移動規則，事情就會單純很多，其他就只是技術面的問題而已。

　　許多剛入門的泳者或鐵人們在訓練時總是感到挫折與困惑：為什麼我這麼用力游總是游不快？其他人怎麼可以游得又快又輕鬆？尤其是團體訓練中，那種「怎麼努力都無法跟上、無法再進步」的無力感會特別明顯。我在大學剛加入泳隊跟隊友一起訓練時也經歷過這種感覺，我練得比較勤快，力量也比較大，但許多剛加入的新生才練沒多久就游得比我快。當其他人輕鬆划就超越我時，我會覺得自己像是在逆流而游似的，不管再怎麼用力都前進不了，處於一種停滯不前的沮喪感中。到底問題出在哪裡？當時實在苦惱不已。

　　直到後來我才了解，自己游不快的問題出在身體前進時形成的阻力太大了。想要進步，除了增加推進力，還必須減少阻力。相對於跑步與自行車這兩種陸上競速運動，游泳比的也是速度，但水中的阻力更大，所以在水中前進時，思考如何減少阻力的課題比增強推進力更為重要。這正是為何我的力量比較大、體能也比較好，

但新生卻游得比我快的原因。

多餘阻力成形的主因為「不當的身體位置」，包括頭、肩、背、腰、臀、腿、踝與腳掌在水中的位置。上述各部位應要盡量維持在同「一」直線上並與水面平行。若頭抬太高或腿部太沉，像「／」一樣前進的話，你的推進力大都會被水阻抵銷。

水阻有多可怕

在練技術時必須先把減少水阻放在第一位，再思考如何提升推進力。為什麼呢？我們從流體力學的觀點來考察：

$$R = \frac{1}{2} \rho V^2 C_D A$$

水阻 = 1/2 × 水的密度 × 移動速度的平方 × 阻力係數 × 身體橫斷面積

由上面的式子可知，身體在水中前進時所遇阻力的大小可由四種變數決定：水的密度 ρ、移動速度 V 的平方、阻力係數 C_D 與身體橫斷面積 A。

其中水的密度雖然會因溫度與離子的濃度而改變，阻力係數也會因為每個人的身材與泳裝的材質而有所不同，但這兩個變數造成的影響不大。水阻的大小主要還是由人體在水中前進時的「速度」與「橫斷面積」所決定。而且其中決定性的關鍵變數是「速度」，因為它會使阻力成平方倍數增加。也就是說當你的游進速度提高兩倍時，「原始水阻」會增加四倍；速度增加四倍時，「原始水阻」會增加到十六倍。

水阻小才游得快

「游得愈快，水阻愈大」是我們無法逃避，必須接受的物理事實。但依據同一個公式，我們會發現水阻的另一個關鍵變數是「橫斷面積」：身體前進時阻斷水流的面積大小。如果身體位置不良（如圖 1·1 右），在同樣的速度下游進時，身體阻

▲ 阻水面積小。　　　　　　　　　　　　　▲ 腿部下沉，造成較大的阻水面積。

【圖 1·1】上圖中橢圓形內的面積即代表文中的身體橫斷面積 A，面積愈大，水阻愈大。

斷水流的面積就會比別人大，不只較難維持速度，你也必須消耗更多體力才能提速。

　　用實際數據來比較我與技術優良學長之間的數據，就會發現身體的橫斷面積如何消耗體力。假設水的密度是 1000 kg/m³（4°C時的密度），阻力係數也是 1（係數沒有單位）。學長因為技術較優秀，身體在水中的橫斷面積極小，只有 1.5m²；而我個人因為身體在水中的姿勢不好，游進時會形成 2m² 的橫斷面積，這 0.5m² 就會形成極大的差距。

　　假設我們兩人都要維持每分鐘游進 50 公尺的速度，也就是每秒前進 0.83 公尺（50m/min = 0.83m/s）：

　　學長所需負擔的阻力：$\frac{1}{2} \times 1000 \times 0.83^2 \times 1 \times 1.5 = 517$（牛頓）

　　我所需負擔的阻力為：$\frac{1}{2} \times 1000 \times 0.83^2 \times 1 \times 2 = 689$（牛頓）

　　「牛頓」是力的單位，「力」與「位移」的乘積等於「能量」，能量的單位為焦耳（J）。所以，我每游 50 公尺要比學長多付出 8600 焦耳（[689-517]×50 = 8600J = 8.6KJ），如果連續游 1500 公尺，我就必須額外付出 258 千焦的能量，也就是 61.7 千卡（1 焦耳 = 0.239 卡路里）的熱量來對抗水阻。

速度：每一分鐘游 50 公尺 = 2:00/100m = 每秒游進 0.83 公尺					
	橫斷面積	水的阻力	游 50m 對抗水阻所需的能量	游 1500m 對抗水阻所需的能量	1500m 過程中我比學長多花 61.7 大卡
學長	1.5m^2	517N	517 × 50 = 25850J = 25.85KJ	775.5KJ = 185.3 大卡	
我	2m^2	689N	689 × 50 = 34450J = 34.45KJ	1033.5KJ = 247.0 大卡	

　　記得「$R = \frac{1}{2}\rho V^2 C_D A$」這個公式嗎？當速度提升後，我和學長之間的能量消耗差距會拉得更大。假如現在加速到每分鐘游進 75 公尺（也就是每 100 公尺游 1 分 20 秒），依照同樣的計算方式，在 1500 公尺的距離中，我還需額外多花 140 大卡才能游完，而這 140 大卡，學長還可以多游 500 公尺。這就是為什麼我覺得學長可以輕鬆加速，而我總是得費力划水才能跟上的原因。因為更大的水阻無時無刻都在拖住我的身體，消耗身體的能量，所以減少阻力才是游得輕鬆的關鍵。

速度：每一分鐘游 75 公尺 = 1:20/100m = 每秒游進 1.25 公尺					
	橫斷面積	水的阻力	游 50m 對抗水阻所需的能量	游 1500m 對抗水阻所需的能量	1500m 過程中我比學長多花 140 大卡
學長	1.5m^2	1170N	1170 × 50 = 58500J = 58.5KJ	1755KJ = 419 大卡	
我	2m^2	1560N	1560 × 50 = 78000J = 78.0KJ	2340KJ = 559 大卡	

2. 減少水阻的姿勢

從指尖至腳尖維持水平的身體線

　　人體在水中本來就有浮力，但身體各部位的浮力大小卻不同。因為肺與胃囊中空，而腿部的肌肉量較多，造成上半身密度比下半身小，再加上換氣時口鼻必須浮出水面，所以很容易因為蹺蹺板的槓桿原理使腿部下沉，變成「／」型的身體位置，因而形成較大的橫斷面積。從圖1·2中我們可以看出明顯的差異，紅線和水平線的夾角愈大，身體在水中前進時形成的阻力也愈大；身體愈接近水平，紅圈的面積愈小，水阻與體能消耗也會跟著下降。

水平線

【圖1·2】紅線愈接近水平，左圖的紅圈面積愈小，在水中前進時的阻力與能量消耗也跟著愈小。

　　那要如何使身體接近水平呢？有些人無法打平是因為身體的「排列不良」或是「活動度」與「肌力」不足，這必須另外透過一些矯正與力量訓練才能改正（關於

游泳的力量訓練將在第三章仔細說明）。

　　「排列不良」的常見案例是駝背與圓肩，當胸口縮進去、背拱起來時，雙腿就很容易下沉，而且會使換氣變困難，必須抬得更高才換得了氣；為了抬更高，腿部會在換氣時變得更沉，阻力也變得更大。在這種情況下，第一優先的並不是去學技術，因為此時不管學什麼動作都會做不好，不管教練喊得再大聲、更多遍，下肢也一樣浮不起來，換氣時一定會沉下去。對他們來說，最優先的訓練不是水中的技術，而是透過第三章胸椎關節與肩關節的活動度訓練及適度的力量訓練，來優化排列姿勢。當身體各部的排列（體態）改善後，不用刻意努力，下肢也會自然浮起。

　　「活動度不足」的主要部位是肩關節，當肩關節太緊繃，提臂時勢必會大幅度轉動整個軀幹（菁英選手提臂時軀幹也會轉動，但幅度較小），不只使得雙腿下沉，也會因旋轉過度而形成剪刀腳（請參見第 141 頁圖 3.11）。如果確定肩關節的活動度不足，就必須在訓練課表中特別針對活動度做訓練，因為活動度到位了，划手與提臂的過程才可能保持穩定；換句話說，活動度是穩定度的前提條件（優化活動度的方法請參見第 142 ～ 157 頁的課表和示範動作）。

　　「肌力不足」的主要問題會發生在泳者的後側，當身體後側力量不足，便無法在長距離的游泳中抬起腿部。你可以試著趴在地上，雙腿打直向上抬起到大腿略微離開地面，用你的手去摸你的下背、臀部與後大腿，你會發現都處於收緊的狀態。自由式的每一次打水，除了向下壓水要有力量之外，泳者也要有力氣快速把整條腿一起抬起來。我發現不少自由泳的初學者只會用小腿打水並非全是技術上的問題，有些人是因為力量不足，所以只能抬起小腿，而無法抬起整隻腿。

　　當泳者向下打水後無法立即把整條腿抬起來，下肢就會沉在水中，變成「／」型的身體位置。那要如何改善呢？若泳者是因為力量不足造成身體的姿勢不良，此時無論教練喊得再賣力「腳抬起來」「打水快一點」「上半身下壓」……都沒有用，必須運用第三章的力量訓練才能改善（改進方法請參見第 165 ～ 168 頁「俯臥腹部支撐」中的訓練動作）。

除了透過上述針對性的訓練改善泳者在水中的姿勢之外，還有三點跟身體素質較無關係的小技巧，可以直接從「技術」端來修正，分別是「減少打水幅度」、「頭藏起來」與「手往前伸」。

減少打水幅度

前面提到，當身體後側力量不足時，腿部會容易下沉。因為力量無法在短期內改進，要使下肢快速接近水平的方法是提醒自己打水小力一點，不要打得太深。當你用力打水時，肌肉會變得緊繃，所以比較容易下沉；而且每次腳掌下壓愈深，就要花更多力氣抬起腳掌，所以對於力量不足的人來說，打水愈用力，下半身只會愈來愈沉（圖1.3）。在過去的教學經驗中，只要我要求學員減少打水的幅度，他們的下半身立刻就會更靠近水面，身體線自然變平（圖1.4）。

【圖 1.3】大幅度打水，容易使身體失去平衡，重心後移。

【圖 1.4】小幅度打水，比較容易使身體保持水平。

藏起頭部

大部分的初學者下半身過沉的另一主因是換氣時頭抬得太高（圖1.5）；許多熟練換氣技巧的人，在沒換氣時也會不自覺地抬頭游泳（很多人是在潛意識裡害怕

嗆水，所以抬頭游準備換氣），這種抬頭的泳姿不只會增加水阻的橫斷面積，也會造成重心後移。重心後移不但會使雙腳下沉，也會降低抓水的水感與推進力（原因會在〈水感的奧祕〉中說明）。為了減少「首」當其衝的水阻與增加水感，應該盡量把頭藏在水裡。簡單來說就是「低頭」，最理想的情況是後腦勺、後頸與背脊能形成一直線。換氣時也一樣，應盡量減少頭部露出水面（圖1·6）。

【圖1·5】抬頭時會形成多餘的水阻橫斷面積。通常胸椎或肩關節的活動度不夠時，都會變成抬頭換氣。

【圖1·6】換氣是透過轉肩的動作順勢完成的，無須刻意抬頭。

手往前伸

手臂除了推進也能減少水阻，因為手臂可以變成身體的延長線。只要手臂在交替劃水的過程中，能有相對較長的時間保持在頭前，身體的蹺蹺板就會比較穩定地維持在水平狀態。這也是為什麼許多教練都會建議「前交叉」的游泳。所謂的前交叉，是當一隻手尚未划到額頭前方時，另一隻手就入水了，如此一來，雙手就會輪流保持在額頭前方，這使身體蹺蹺板的重量一直維持在前方，自然就能維持水平。相對來說，如果初學者採用「後交叉」的游法[1]，身體的重心會向後轉移，當你打水力道不足以撐起腿部下沉傾向時，上半身就會翹起來。

對初學者來說，只要能讓上半身的部位（主要是頭部與手臂）不要離開水面太多，划手週期中保持至少一隻手掌在頭部前方，身體的重心就會靠前，蹺蹺板的另一邊（雙腿）也會比較接近水面了。但要注意：手掌一入水就要保持與肩同高與略低於手肘的位置；如果手掌比肩膀高，重量一樣會轉移到下半身，身體又會從上半

身往上蹺起了。最理想的腳尖與手指方向分別是九點與三點鐘，但我在教學時若碰到下半身很沉的人，會請他在手掌入水後略微向下壓水，指向四點鐘的方向，如此一來，下半身就比較靠近水面了（圖1·7）。雖然手掌指向四點鐘會形成多餘的水阻，但因為下半身的橫斷面積比較大，對雙腿過沉的人來說這樣的犧牲是值得的。

【圖1·7】最理想的腳尖與手指方向分別是九點與三點鐘，但對下半身很沉的人來說，手掌可以指向四點鐘的方向，如此一來，下半身就比較靠近水面了。

盡量增加「轉肩」的時間

游泳選手大都擁有寬闊的肩膀與胸膛，它們是推進身體前進的重要部位，同時也是形成水阻的主要來源。雖然划手是自由式的主要推進力來源，但如果雙肩平行地在水中前進，兩邊的斜方肌與三角肌都會成為橫斷面積的一部分，阻擋前進的水流，此時不管肩膀和手臂創造了多可觀的推進力，大半都會被本身形成的阻力所抵銷，所以針對划手必須先思考「如何形成低水阻的划手方式？」

前人已尋找到答案，就是「轉肩」的技術：讓兩邊的肩膀以頭部為中心交替轉動，使身體在游進時永遠有一邊肩膀留在水面上。從側面看起來肩膀只是上下移動，但從正面會看到它們是繞著頭部轉動；因為轉動的關係，肩膀出水所以水阻減少（圖1·8），另一側沒入水中的肩膀可以躲在臉頰旁，進而縮小斜方肌與三角肌的橫斷面積，使雙肩形成一道「切面」，相對減少水阻的產生。

從另一個角度來談轉肩跟水阻之間的關係：因為肩膀成水平時阻水面積較大，所以應該盡可能減少「平肩」的時間，增加「轉肩」的時間。

除了上述提到「轉肩」時只有單肩入水，而且水中的肩膀可以躲在臉頰旁減少水阻之外，轉肩的另一個好處是可以讓手臂更往前延伸，拉長了身體線的長度，而且因為身體浮出水面的比例增加，使得施加在前伸手臂上的體重增加，這正是提供免費水感的最佳時機。

單肩出水
減少阻水面積

【圖 1.8】單肩出水，減少阻水面積。

延長身體的吃水線

威廉・弗勞德（William Froude, 1810~1879）是一位英國的造船工程師。他發現在其他變數相同的情況下「船身越長，水波阻力越小」。也就是說，如果兩艘獨木舟分別長 10 公尺與 15 公尺，其他變數如寬度、高度、外表的光滑度與吃水深都相同，當兩舟並排在泳池以同樣的力氣向前推時，15 公尺長的獨木舟跑得比較快，最後的移動距離也較遠。

但我們並不能任意控制身高，又該如何在游泳時利用弗勞德的研究成果呢？答案在手臂前伸。舉個大家都可以想像的經驗來說，在泳池轉身或出發時，應該都有蹬牆後身體快速向前漂浮的經驗，你可以試著回想，蹬牆漂浮時，是把雙手置於前方漂得比較遠，還是置於身側的大腿旁呢（圖1.9）？答案是前者，因為前伸的手臂可以讓身體的「船身」加長（圖1.10）。

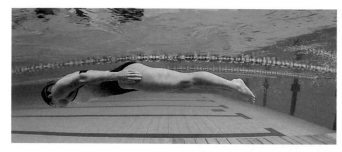

【圖 1.9】雙手置於大腿兩側，水波阻力比較大。

【圖 1.10】雙手前伸，水波阻力較小。

　　手臂前伸時等同加長身體的吃水線，使身體向前滑動的水波阻力降低。所以應該盡量讓兩條手臂輪流保持在身體前方，也就是說左手入水時，右手還在額頭的前方，這即是前面所謂的「前交叉」游法──「雙手在額頭前方形成交叉點」，如此一來，就能確保「船身」一直保持在大於「身高」的狀態下。（前交叉的泳姿請參考第 74 頁，第 110 頁有詳細說明為何前交叉可以減少水阻與打水的體力。）

　　反過來說，應該避免在手掌划到胸口時另一隻手才入水，如此一來，你的「船身」就會有一段時間變短，阻力也會在那時爆增。因此，太早划手也會造成相同的問題，如果手掌入水向前延伸後稍事停留，能維持船身（軀幹＋手臂）的長度與穩定度，另一側手臂所創造的加速效益也會因而提升。

　　之前提到的「轉肩」動作可以延伸手臂的長度。你可以立刻試驗看看：先面牆雙手向前平伸，手掌打開使指尖齊平，調整一下站立的位置使中指離牆約 20 公分（圖 1.11），在頭與臀部皆不動的情況下，左手向前伸出以中指觸牆，接著保持此

姿勢不動（圖 1.12），你會發現整個左邊肩膀已經在你的視線裡了，右肩則「轉」
出了視線之外。比較一下兩手的長度，此時左掌已經離頭部更遠，船身也因此加長。

左手向前伸時
右肩會自然向後退

雙手指尖先離牆

左手前伸觸牆

【圖 1.11】面牆，雙手向前平伸，手掌打開使指尖齊平，調整一下站立的位置使中指離牆約 20 公分。

【圖 1.12】在頭與臀部皆不動的情況下，左手向前伸出以中指觸牆。

活動度與力量要夠，轉肩才能減少水阻

　　雖然轉肩可以減少肩膀的橫斷面積與水波阻力，但如果肩關節的活動度不夠，
就無法只轉動肩膀，而會連整個軀幹（甚至臀部與腿部）一起旋轉，那水阻反而會
變大。

　　軀幹要穩定，水阻才會小，技巧也才會跟著提升。這點很多鐵人和泳者都知道，
所以為了讓身體穩定會特別去練核心力量，但很多人核心強了，一下水游身體還是
晃得厲害。因為他們不知道核心力量不管練得有多強，如果肩關節的活動度不夠，
轉肩時軀幹也會跟著動；只有在肩關節活動空間夠大時，才能做到「肩轉身不轉」。

　　其實不管哪一項運動都一樣，「穩定度」是所有技術與運動表現的基礎，而身
體的「活動度」要足夠才能在運動中保持穩定。因此活動度的提升很重要。加大活
動度的重點部位是關節，當關節的可動空間變大之後，我們才能在移動「部分肢體」
時，保持軀幹與支撐部位的穩定。

活動度（mobility） → 穩定度（stability） → 技巧（skill）

　　以自由式來說，如果右肩的活動空間不夠，當右臂提起時，不只軀幹會晃動，左手的水感也會下降。相對來說，當右邊肩關節的活動度充足時，提臂可以變輕鬆，身體和支撐部位才能在轉肩和提臂時保持穩定。

　　談到這邊，泳者還有一個重要的能力要養成，不然就算有活動度，身體也不會穩定，技巧也會無法維持。那就是「力量」。

　　當泳者提起右臂，右肩跟著向上轉動時，左手上的體重會瞬間增加，此時如果左手沒力，或核心沒有力量維持轉肩的姿勢，左手就會「滑掉」。有些人會手臂開掉向外側滑，有些人是向內滑使手掌超過中線。很多人會只把這兩種姿勢當作「技巧」上的問題，但大多數的情況是力量不足所造成的不穩定（活動度與力量的訓練動作將在第三章詳細解說）。

　　現在我們已經知道要延長「轉肩」的時間，減少平游的時間就能同時降低水阻。然而，想要有優秀的轉肩動作，除了需要練就肩膀轉動的技巧之外，也必須同時具備足夠的活動度和力量，才能在轉肩時使其他身體部位維持穩定。

3. 換氣不是學會就好！

除了轉頭吸氣，頭在水面下時要一直保持吐氣的狀態，切勿憋氣。而且吐出的氣泡量最好維持等量，不要忽快忽慢。這種小技巧，可以幫助你游得更自在。

在水中用鼻子穩定吐氣可以游得更輕鬆

如果在水中不吐氣，浮出水面換氣時就必須同時吐氣與吸氣。同時要做兩件事，時間自然會變長，因此頭部就會刻意抬高，以爭取口鼻浮出水面的時間，造成身體在換氣時上下起伏太大。頭抬得愈高，下半身就會愈沉，同時形成多餘的水阻，游起來當然也就比較費力。這時只要能提醒自己先在水中把空氣吐掉，轉頭時只要吸氣就好（圖 1.13），很快就能改善「換氣時間過長」與「換氣腿部下沉」的問題

除了節省換氣時間，其中最重要的一點是：憋氣時你的身體是緊繃的。大部分人在吸完氣、臉部入水之後會先憋氣，那會讓肺部與橫隔膜處於緊繃狀態。你可以試著吸一口氣悶在身體裡十秒鐘，接著吐出——是不是有「鬆」一口氣的感覺？因為吐氣就是「放鬆」，讓你的每一次換氣完都「鬆出」那一口氣，你會感覺游起來更舒服。

另一個原因是當你憋氣時，肺與血液中的二氧化碳濃度會增加，大腦會因此釋出「不要再憋氣啦！快點呼吸啦！」的指令，要求你盡快釋出身體裡的二氧化碳，

【圖 1-13】換氣前要先用鼻子吐氣。

同時感到一股對空氣的迫切性需求。但如果你在水中保持吐氣，二氧化碳有了出口，對空氣的那種迫切性需求感也會隨之降低。當然，游起來就會舒服多了。

你可以想像在路面上從事其他運動時，每次吸氣進來先憋氣 3 秒鐘再呼氣，不管做什麼是不是都變得更艱辛。

另外，肺中有太多空氣同時會造成上半身太浮。因為身體就像是一個蹺蹺板，當你上半身因充滿空氣而向上蹺時，下半身就容易太沉。總之，在水中保持穩定的吐氣，是游泳最重要的基本技術之一。它可以讓你游得更輕鬆。

兩邊換氣有助矯正划手姿勢

划手上的缺陷大都發生在換氣過程。為什麼呢？因為在換氣時，我們會把注意力放在呼吸上，而失去「划手的專注力」。所以，如果你一直用單邊換氣，划手動作中的某部分細節就會一直受到忽視。

大部分人換氣時，或多或少都會打斷原有划手的效率與流暢度。這也是為什麼游泳選手在衝 50 公尺時，都會盡量減少換氣的次數。雖然游長距離時不可能像短

距離衝刺一樣減少換氣次數，但這可以讓我們仔細思考「如何才能增加換氣時的划手效率？」

最好的方式是學會兩邊換氣。如果你總是用同一邊換氣，划手的整個過程中就會有某幾個「點」一直被忽視。舉例來說，如果你一直用右邊換氣，在換氣過程中很容易忽略右手抱水與推水，以及左手向前延伸與抓水的動作，因為左手在抓水的同時，你永遠在換氣。所以，只會右邊換氣的人，左手常會有許多缺點被忽視：如手掌太早壓水以及手肘下沉等問題，都會嚴重影響划水的效率。

每划三次手換一次氣能改善換氣時產生的划手問題。因為在三次划手的過程中，左右手總有一次是不用換氣的，所以你能完全專注在划手的動作上。

有些身材較高大的泳者會覺得划三次手換一次氣是個大挑戰，因為他們的划頻較慢，間隔時間較久；相對地，某些身材矮小的泳者因為划頻比較快，甚至覺得划五次手換一次氣也不覺得困難。

總之，划三次手換一次氣，對所有泳者來說，是比較合理且能培養優秀划手技術的方式。

利用腹式呼吸讓下半身浮起來

一般人呼吸都只是把空氣吸到肺部就停下來了，接著就把空氣吐出去。這也是我從開始學游泳到當了教練以後仍使用的呼吸方式，直到我開始學習腹式呼吸之後，發現下半身更穩定而且離水面更近了。因為腹式呼吸可以徵召腹橫肌，而腹橫肌正是穩定脊椎中立的重要核心肌群，它可以幫助你換氣時穩住身體。

前面也提過多次，身體就像一個蹺蹺板，上半身的浮力本來就比下半身大，如果每次換氣時都把空氣吸進胸腔裡，下半身密度太高的人就容易沉得更嚴重。

在某一次學習正式奧林匹克式舉重課程中，我學會了利用腹式呼吸一鼓作氣撐起槓鈴的方法。此種呼吸法是利用核心肌群，把腰腹撐開，此時空氣會被這股力道

吸進身體，放鬆後空氣又會自然吐出去。

　　一般人會把腹式呼吸當成把肚子向前膨脹起來就行了，但有利於游泳的方式是要穩住小腹，控制腰腹間的深層肌群，讓它們向四周張開，但又不是讓肚皮向外脹大，而是類似瑜伽所說的「臍鎖」或是「內吸肚臍」，讓下腹部維持些微的張力。你可以在練習時分別用左右手掌貼著小腹和肚臍後方的腰際，試著控制你正撫按住的腰腹肌肉，讓它們分別以同等幅度向前後撐開。尤其是後腰處，只要手掌感覺到脊骨兩側的腰方肌（quadratus lumborum）向外撐開，就代表你已學會使用後側的核心肌群進行腹式呼吸。當你學會了邊游泳邊利用腹式呼吸，等於是將肺部的功能擴大。

　　「吸氣到把腰撐開」是平常做力量訓練時要做的，並不是在游泳時刻意進行。這項練習有助於讓身體學會全身一起呼吸。練習時可以左手掌摸肚臍、右手掌摸後背，先吐氣，再吸氣，吸氣時左手與右手都要感覺「膨脹」，後背會比較難，但練習個幾次就能做到，愈是練習，膨脹的感覺會愈明顯。到後來不用刻意吸氣來膨脹，而是透過膨脹來吸氣。

　　再提醒一次：這個動作不要邊游邊練，而是在陸地上練。在陸地上練熟了，下水游泳呼吸就會變得順暢又省力。

4. 減少水阻的訓練方式

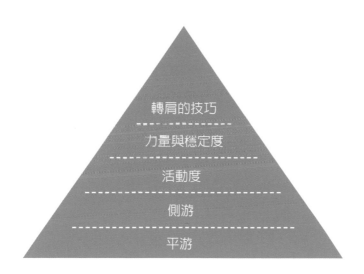

轉肩的技巧
力量與穩定度
活動度
側游
平游

　　想減少身體所形成的水阻，先要學會在水中「平游」，再練習「側游」的平衡感，之後再學習「轉肩」的技術。平游可以減少下半身形成的水阻，所以必須先掌握平游的身體位置，才開始練側游與轉肩（活動度、力量與穩定度將在第三章討論與建議適合的訓練動作）。

　　「穩定的轉肩動作」是最終目標。學會優秀的轉肩技術之前，需要先逐步打好基礎與強化控制身體不同部位的能力。平游是基礎，如果還無法讓身體保持水平，就先不要練側游和轉肩的技巧。所以我們會先介紹平游的技術要從何練起。練習下面的技術動作時，速度不是首要目標，請把注意力放在身體的穩定與平衡上。

第一階：先學會掌握「一」型的水平姿勢

在學習側游與轉肩所需的技術之前，要先學習上下半身在水中保持水平。先讓身體記住頭腳平衡的姿勢甚為重要。如果你無法在平游時學會控制身體，想學習側游與動態的轉肩動作就會更加困難。

【訓練動作】仰姿水平漂浮

目的解說：明明是學自由式，為什麼要先從仰姿開始練起呢？因為臉朝下時，口鼻完全埋在水中，初學者會不自覺地憋氣在胸腹中，造成上半身太浮上翹，下半身會因而下沉，以及因為氣悶而過度抬頭換氣等問題，讓身體無法專注在控制平衡上。因此，學習控制身體平游的能力時，最好先從仰姿開始，不用換氣可以幫助你專注在上下半身的平衡。

訓練方式：雙手置於大腿兩側進行仰姿漂浮打水。有些人可以完全不打水就保持「仰漂」的姿勢，那很好，這是在「一」型水平姿勢保持放鬆的好練習。如果你的腳會沉下去，可以輕輕打水，雙手在大腿兩側也可以適度的搖櫓以保持平衡。練習時，可以在頭上擺一杯水，如果能練到在很放鬆的情況下打水並保持水杯不倒，再練下面的動作就會容易多了。

【圖 1‧14】仰姿水平漂浮。

【訓練動作】俯臥徒手打水

目的解說：徒手打水比浮板打水更適合練就「一」型水平姿勢，因為身體本身就會有浮力，浮板會改變浮力的結構，使上半身變得更浮，結果就是雙腿變沉。浮板打水適合泳姿已經很優秀的人，他們可以作為體能與腿部力量的訓練項目。但對於尚未掌握水平泳姿的人來說，建議以徒手打水的練習為主，畢竟我們在游自由式時手掌並沒有浮板可以支撐。

訓練方式：臉朝下，雙手向前伸直進行徒手打水。在這項練習中，打水的力道只要讓腳掌靠近水面即可，千萬不要用力打水，也不要想著快速前進。如果腿部還是會下沉，前伸的雙手可以稍向斜下方移動，此時腳掌會比較容易浮起來。

【圖 1‧15】俯臥徒手打水。

【訓練動作】仰式側姿漂浮打水

目的解說：想要練好轉肩的動作，必須先練好「姿勢」。轉肩到最大幅度的「姿勢」要先做對，而且夠放鬆，才有可能把「動作」做好。仰式側姿漂浮的姿勢比臥姿更容易放鬆，因為可以保持呼吸，更容易放鬆與專注在姿勢的細節上。

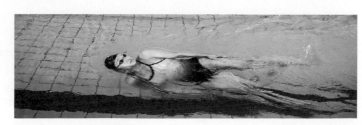

【圖 1‧16】仰式側姿漂浮打水。

訓練方式：先保持仰姿水平漂浮的姿勢，一肩高一肩低，但不聳肩，向上轉動的肩膀與大臂都要出水面，臉部朝上保持水平，想像你在漂浮與打水時額頭上放了一小杯水而不會傾倒。雙腿的轉動幅度要比肩膀的幅度小，而且打水的幅度盡量小，只要能使身體浮出水面即可。更重要的是：肩膀不能隨著打水動作晃動或改變轉動的幅度。

第二階：學習分開轉動雙肩和頭部

　　頭的位置對身體上下半身的平衡影響甚巨。雖然大部分人在游自由式時多少會轉肩，但很少人在轉肩時能保持頭部不動。第二階段的訓練目的即在提高「雙肩和頭部能分開轉動」的能力。

轉肩練習

目的解說：對於已經能夠輕鬆保持「一」型仰姿的人，接著要練習在轉動肩膀時頭部不跟著轉動的技術，這是在模擬轉肩且沒有換氣時，頭部保持不動的能力。「不動的能力」除了指頭不跟著肩膀轉動外，另一個目的是在練習不抬頭。很多人潛意識底怕口鼻嗆水，所以會不自覺抬頭，這個練習可以逐漸使身體去除害怕的感受。

訓練方式：

【陸上】站姿或硬舉預備姿勢，在頭部與臀部都不動的情況下，大幅度地前後轉動肩膀。為了做到頭不動肩膀動，你可以盯著前方的特定物體。為了確保每次肩膀的轉動幅度夠大，每次肩膀轉到前方時，你的眼角餘光應該可以看到肩

膀，但不要刻意聳肩用肩膀去貼近下巴。除了頭部不動外，臀部也必須盡量保持穩定，練習時唯一有動作的部位只有肩膀

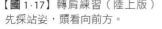 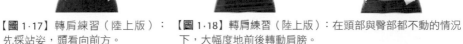

【圖1.17】轉肩練習（陸上版）：先採站姿，頭看向前方。

【圖1.18】轉肩練習（陸上版）：在頭部與臀部都不動的情況下，大幅度地前後轉動肩膀。

【水中】朝上，雙手放鬆置於大腿兩側，單肩盡量轉至靠近下巴的位置，每踢六下腿轉動一次肩膀。練習時如果能在額頭上放一小杯水，保持水杯不倒的情況下連續游完25公尺，就代表你練成了。但這不代表游自由式時就保證能做到，你必須再多加練習，把那種感覺烙印在身體裡。

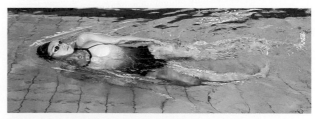

【圖1.19】轉肩練習（水上版）：姿勢一。

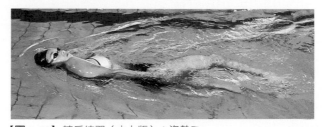

【圖1.20】轉肩練習（水上版）：姿勢二。

轉頭練習

目的解說：跟前一項練習相反，我們這裡要以側身打水與「頭動身不動」的訓練方式，來提升前伸臂、肩膀、軀幹與臀部的穩定度，它能幫助你降低換氣時身體晃動所產生的水阻。特別需要注意頭部的位置，不要抬出水面，下半身才不會過沉。換氣時保持身體側游的姿勢，只轉動頭部使口鼻露出吸氣即可。這亦可同時訓練你在轉頭換氣時的平衡能力。

訓練方式：

【陸上】側肩轉頭訓練：站姿或硬舉預備姿勢，肩膀請維持一肩前一肩後的姿勢，轉動頭部，轉動時頭部只是繞著中心軸旋轉而沒有抬頭或低頭的動作。轉30秒之後，換另一側肩膀在前。你可以檢查一下不同肩膀在前時，頭部的轉動幅度與順暢度是否有差異，通常習慣右邊換氣的人左邊會比較不順，多加練習這個動作有助於兩邊換氣。

【圖1-21】轉頭練習（陸上版）：先保持側肩姿勢，頭看向前方。

【圖1-22】轉頭練習（陸上版）：在全身都不動的情況下，轉動向後看。

【水中】側姿打水＋轉頭換氣：頭頭部沉入水中，雙手置於大腿兩側，保持側游的姿勢輕輕打水，口鼻朝向池壁，全身盡量與池邊保持平行前進，速度不重要，只要身體能保持水平即可。每踢六下腿轉動一次頭部出水面換氣，轉頭時身體的姿勢盡量保持穩定，晃動愈小愈好，原本沉在水中的頭部比例也不要因為換氣而改變。整個過程中除了打水之外，全身只有頭部轉動。

- 提醒：如果換氣一直不順，或換氣的動作會影響身體平衡，應該回到前面的動作，直到轉頭時肩膀與軀幹皆能保持穩定，再回到這項訓練中。

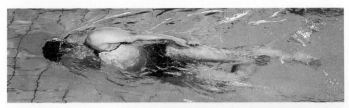

【圖1·23】轉頭練習（水
上版）：姿勢一。

【圖1·24】轉頭練習（水
上版）：姿勢二。

【水中】單手前伸側姿打水＋轉頭換氣：姿勢與換氣方式跟前一個動作相同，
但改成單手前伸，靠近水面的手臂平貼置於大腿側，像放在褲子口袋裡一樣。
臉部朝向池底進行側姿打水，前伸臂的肩膀靠近臉頰。雙腳輕輕打水，目的只
是讓下半身靠近水面。雖然這項練習的目標是前伸臂與肩膀保持水平（手掌指
向三點鐘方向），但如果下半身無法和上半身保持在同一水平，可以降下手掌
高度或是縮小打水的幅度，使下半身更接近水面。

  ■ 提醒：轉頭換氣時，有些人會不自覺地轉動手臂，手心跟著頭部向上轉，
    這是不對的。全程注意前伸手的掌心要保持朝向池底，只轉頭，身體的其
    他部位要盡量維持不動，包括前伸臂與手掌，在轉頭換氣時能保持不動，
    是這項訓練的最關鍵之處。

【圖1·25】單手前伸側
姿打水，臉部朝向池底
進行側姿打水，前伸臂
的肩膀靠近臉頰。

【圖1·26】轉頭向上進行換氣，此時身體其他部位應盡量保持穩定。

　　單手前伸側姿平衡其實比手置於大腿外側容易，因為重心前移，腿部比較不容易沉。有些人因為核心力量不足，或是雙腳打水的水感還沒掌握到，所以下半身很容易下沉。但力量和水感的養成並非一朝一夕之功，前面提過我們可以透過改變前伸手的位置來使身體的蹺蹺板更接近水平。這項練習可以幫你確認前伸手的位置，是該指向水平的三點鐘方向，還是該略微下沉指向四點以利下半身浮起。前伸臂指向的位置也跟你打水的幅度有關，通常習慣打水較用力的人，前伸臂也需指得更深才能平衡。換言之，透過這項練習來確認前伸手的高度，雙腿才能夠靠近水面，你要把手掌的高度記住，那正是你近期游自由式時手臂入水後要達到的目標位置。

第三階：提高轉肩時身體的穩定度

　　接著，我們要開始訓練肩膀轉動到最大幅度時的姿勢，所謂「轉肩最大幅度」是指單肩抬到最高點，另一側肩膀來到水下最低位置時。

　　當你俯臥時，因為胸腹、大腿與膝蓋皆有地面支撐，所以身體穩定度高；然而一旦改成側臥（如圖1·27），因為支撐面積縮小，所以比較不穩，很容易向左或向右傾倒。在水中更是如此，側姿的身體很容易在水裡左右偏擺，但從不穩定中要求穩定，其實就是在鍛鍊「穩定平衡」所需的核心肌群。以下我們會進行一些練習，幫助你提高轉肩至最大幅度時身體的穩定度。

【圖 1‧27】當身體從「俯臥」改成「側臥」時，因為支撐面積變小，所以較難保持平衡。

頭與肩同時轉：搭便車式的換氣

目的解說：很多先學蛙式再學自由式的人會認為換氣變得很困難，主因是他們在游蛙式時還沒掌握到運用手臂把頭撐出水面的要領，變成「純抬頭」的換氣動作。這樣的不良習慣，會使他們在練習自由式時變成肩膀不動「純轉頭」的換氣模式，但優質的自由式換氣動作需要配合轉肩同步動作。這項練習的目的正是在練習頭與肩同時轉動的動作模式。

訓練方式：

【陸上】跟轉肩練習類似，雙手摸著自己的肩膀，在臀部保持穩定的情況下，轉動自己的肩膀，心裡默數轉動次數，每數三次，頭部就隨著肩膀一起向後旋轉，藉此模擬自由式的雙邊換氣。在非換氣的時刻，要像前面的轉肩練習一樣使頭部保持穩定。此外，不管是任何時刻，臀部都不能跟著轉動，必須始終保持穩定。

[水中] 先保持俯臥姿打水，手掌置於大腿外側。頭先不動，肩膀左右轉動，心裡默數轉動次數，每數三次，頭部就隨著肩膀一起轉動出水換氣。

- 提醒：在進行這項訓練時可以想像騎在自行車上有人在身後叫你的名字，你想看誰在叫你，卻因為雙腳踩在踏板上不能動，所以必須同時轉動肩膀

與頭部才能看到身後的人。其實我們在陸上很常進行相同的動作，只是在水中就遺忘了，這項練習可以幫你連結已有的動作模式。當然，肩膀活動度不夠的人，這項練習會比較困難，那就要同時搭配第三章的訓練動作，這項技術才練得起來。

單手前伸側姿打水 + 提臂

目的解說：訓練提臂時身體的其他部位仍能保持穩定。

訓練方式：先保持直臂側姿打水的姿勢，臉部朝上，接著提起手肘，使小臂、手掌與手指自然垂下，手掌等速向前移動，碰觸到耳朵後停止1秒，再移動回到大腿外側。提臂的動作是利用手肘帶動前臂與手掌前移，雙肩的位置保持不變。提臂時身體會略微下沉，屬正常現象，不用刻意用力打水，只要等手臂回復到大腿側，身體就會自然上浮。過程中，只有一隻手臂在做動作，其他地方皆保持穩定，而且要始終保持呼吸。

【圖1·28】起動動作：單手前伸側姿打水，臉部朝上保持呼吸。

【圖1·29】高肘提臂：肩膀位置不變，只提高手肘，小臂、手掌與手指放鬆。提臂時由手肘帶動手臂向前移動，直到手指移到耳側，停止1秒後再移動回到大腿外側。

單手前伸側姿打水＋提臂→換氣

目的解說：把轉頭與提臂的動作整合起來，強化轉肩、提臂與轉頭時身體的穩定度。

訓練方式：單手前伸側姿打水的姿勢同上，但有三點調整，一開始臉部先朝向池底，提臂後手掌超過前額後再往前伸但不要入水，伸到極至後就把手掌移回到臀部外側，接著再轉頭換氣。

- 提醒：每次只做一個動作，其他身體部位不能動。高肘提臂時，手掌要盡量靠近身體，而且頭部、肩膀與前伸臂都不能動；同樣地，轉頭換氣時也只有頭部轉動，其他部位要保持穩定。

【圖 1.30】單手前伸側姿打水。

【圖 1.31】高肘提臂時小臂與手掌放鬆自然垂下。

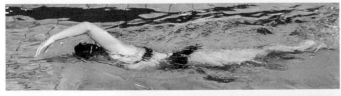

【圖 1.32】提臂後手掌要超過前額再往前伸。

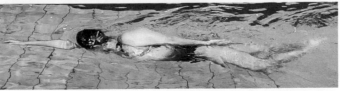

【圖 1.33】回到原始位置。

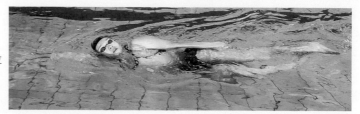

【圖1.34】轉頭換氣：
轉頭時其他身體部位
要盡量保持穩定。

單手前伸側姿打水＋提臂→入水＋換手

目的解說：手掌入水是重力作用的結果（第二章會仔細説明重力和加速的關係），我們只是透過轉肩與提起手肘的動作把手臂往前移，接著讓它自由「落下」。就跟所有的「落下」一樣，在重新回到支撐時（例如跑者每一步從空中落地與籃球員搶到籃板落地的瞬間）都是最難保持平衡與穩定的時候。所以這個動作正是在訓練你的肩膀、手臂與手掌在落入水中後，迅速回到平衡的能力。

訓練方式：跟前一個訓練動作一樣，但每次提臂經過頭部之後繼續前移，讓手掌在額前入水。手掌入水後，另一隻手臂同步向後划，划完後立即轉肩與提臂。專注在肩膀向上轉的動作，這會使另一側的肩膀自然下壓靠近臉頰（但不要刻意聳肩）。關鍵是手掌入水後要快速使身體回到平衡，也要等到身體穩定與肩膀浮出水面後才進行下一次的提臂。

【圖1.35】右手前伸側姿
打水，臉部朝上。

【圖1.36】轉頭,臉部
轉向池底。

【圖1.37】左手高肘提
臂,準備入水換手前
伸。

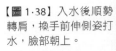

【圖1.38】入水後順勢
轉肩,換手前伸側姿打
水,臉部朝上。

【圖1.39】轉頭向
下。

【圖1.40】右手提臂,
準備入水。

減少水阻的訓練流程與目標

本章設計的訓練動作都是為了減少水阻，並非為了提高體能或力量。如果訓練的距離太長，或是肌肉過度疲勞，雖然練到了體力，但技術的提升反而會受限。所以建議每個動作先不要練太長，一組先從 25 公尺開始。每做完一個動作就慢游 25 公尺，目的是把剛才練的技術重點轉換到正常的泳姿之中。

如果是陸上的訓練動作，改成持續 30 秒，練完後一樣下水游 25 公尺，如果是在 50 公尺的長池練習，就改游到底再進行下一組。單手的訓練需要交替進行，但如果有某一邊特別不順，可以加強訓練。例如習慣右邊換氣的人，左側的活動度會比較差，可以加強第二、三階中轉肩、轉頭與提臂的訓練。

每個動作至少練 4 組（4 組技術 25 公尺 + 4 趟 25 公尺慢游 ＝ 8 趟 25 公尺），共 200 公尺。單邊的動作需左 / 右交替練，剛好各兩組。因為每一個動作在剛開始時都會有點生疏，要練到第三組之後會比較容易進入狀況，產生適應。所以依過去的經驗，動作在精不在多，同一個動作重複練四組會比每個動作只練過一輪來得有效果。

該選擇哪些動作來訓練呢？若確定自己的泳姿有問題，造成水阻過大，那上述的訓練動作都很適合你。可以直接從第一階的第一個動作開始練到第三階，總共九類動作（若同類動作中有分陸上和水中，可以自行挑選），每類練四組，練完後慢游 200 公尺，所以總訓練距離約在 2000 公尺左右。但如果時間有限，每次下水時可以先挑其中一階來練，練不順就「倒階」，練熟了下次就「進階」。

練完技術後如果還覺得精力充沛，泳姿有明顯地改善，強烈建議再慢游 200 公尺，把今天建立出來的泳姿運用在實際的游泳動作中。

在進行上述動作的教學與訓練時有很多學員反應「練完後沒什麼感覺，既不痠也不喘」，有些人是在暗示「沒操練到」。這的確對平常一下水就會練超過 2000 公尺的學員來說是很少的訓練量，但不要忘記，提高技巧與游得更輕鬆是上述這些

訓練的目標，所以練完這些動作若一點都不累，那正符合這一系列技術動作的目標。

注釋：

1. 當一隻手划到額頭後方時，另一隻手才入水。50 與 100 公尺的短距離選手常會採用此種方式，因為可以獲得較大的推進力，理由在後續的章節會說明；但若活動度、肌力與泳技都尚未發展成熟的人採用後交叉游法，雖然推進力提升了，但阻力會增加更多，反而游起來會更累。

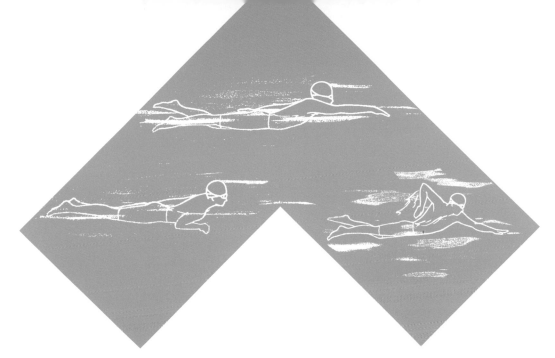

【第 2 章】

提升水感與速
度的技巧

減少水阻的泳姿調整好後，接著我們要進一步追問：「如何在水中加速？」換另一種問法「泳者在水中前進的動力來自哪裡？」

　　大部分的泳者和教練普遍認為的答案是「推水」，而且為了推到水，必須先「抓水」與「抱水」；另一種說法是先要抓到水，再把身體往前拉。眾多訓練法都是在上述三種概念底下發展出來的，推進力的訓練目的主要從下列幾個問題展開：

　　（1）如何抓到更多水？

　　（2）如何把抓到的水抱得更穩？

　　（3）如何訓練更強而有力的推水力量？

　　在上面的基礎上，游泳的技術與力量訓練導向了手臂與手掌的主動動作，當泳者想加速時就變成主動向前伸臂→下壓抓水→高肘抱水→向後推水，推到大拇指擦過大腿外側之後提臂→入水→手臂向前延伸⋯⋯進入到下一次划手的循環。

　　優秀游泳選手的動作看起來就跟上述的動作模式一樣，但最大的問題出在「主動」這兩個字，我們既不該主動向伸臂，也不該主動抓水與抱水，更不該主動推水。什麼？為什麼會這樣子呢？請你耐心讀完本章之後就能明白其中的道理。

1. 支撐與移動理論

　　為什麼不該用手主動抓水與推水？因為我們要移動的是身體，所以手不能動。

　　這是什麼意思？我們先來談談「移動身體」所需的基本元素。想要移動，我們必須創造「支撐點」，當支撐點愈穩固，力量與效率才會出得來。對於游泳、自行車與跑步這三項運動來說，都是以移動身體為主要目標的運動。跑步是由於腳掌支撐在地板上才能將身體送向前方，騎自行車時是由於腳掌支撐在踏板，體重下壓才能驅動雙輪，自由式的主要支撐點則移到了手掌。

　　雖然前進必須倚靠支撐，但是支撐的部位（腳掌／手掌）在形成支撐點時無法移動，只有當它離開支撐點之後才能開始移動。以走路為例（你可以站起來走走看），右腿抬起來往前跨，著地之後「形成支撐點」，正因為此時右腳掌支撐在地面上，才能讓左腳掌與身體向前移動。可是右腳掌還是支撐點時，它是動不了的。何時右腳掌才能移動呢？只有當它「結束支撐」之後才行。在水中移動的原理也完全一樣，自由式的頂尖選手在每一次划手的加速期，手掌其實並沒有動，向前移動的只是身體。雖然他們看起來是在划手，但如果你將從開始抓水到提臂動作之間的影片，一幀一幀放來看，會發現他們的手掌都在同一格水道線上，移動的是他們的身體。手掌只有在「結束支撐」之後，才會開始移動（結束支撐是什麼意思，後面會仔細說明）。

　　移動的原理在「支撐」！沒有支撐就無法前進。想像一下，在沙灘上或冰面上跑步，因為腳掌無法形成穩固的支撐點，所以跑步的效率也會跟著變低，而且也跑

不快。反之，在田徑場上穿上釘鞋或是摩擦力較佳的跑鞋，使每一步都能穩固支撐在跑道上，移動的速度與效率就會跟著表現出來。所以我們必須先了解「穩定支撐」這個概念底下有一個很重要的屬性：靜止不動。當跑者的左腳掌在地面上產生滑動，移動的效率就會下降。這個滑動可能發生在跑鞋裡的腳底板與鞋墊之間，也可能發生在鞋底與地面之間。不管發生在哪兒，支撐點滑動的程度愈大，非支撐點（左腳以外的身體部位）的移動效率愈差。

「動」與「靜」是兩個相反的概念，但這兩者也如同陰與陽一樣，相互依存，互為體用。支撐點要夠「靜」，非支撐的部位才能「動」得既快又有效率。

同樣的道理適用於所有需要移動效率的運動上，包括游泳。當泳者的手掌入水後應該愈穩定愈好；這就好比跑者腳掌觸地之後會希望它穩定支撐在地面上，因此我們可以換一種比較白話的說法來解釋「穩定支撐」，即是「不滑動」。順著同樣的邏輯思考下來，我們在游泳時想要移動的是身體，而手掌是我們移動身體的支撐點，所以我們也希望它在形成支撐點時不要滑動。而減少支撐點滑動的關鍵技術就在於不主動向後划。

我們很容易陷入「把水往後划，身體就能往前進」的迷思中，但那就像在跑步機上跑步，你的腳掌和履帶不斷向後滑，身體卻停留在同一位置上：腳掌一直在動，但身體卻沒有向前移動。所以如果我們在水中只是一直想透過「划動手臂」來前進，就會忘記我們真正想移動的是身體而非手臂。試想：如果只是一再划動手臂，身體卻沒有移動，那就像是趴在岸邊「把水往後划」一樣，身體變成穩固不動的支撐點（不動的支撐部分），手臂反而變成不斷來回划動的部分（移動的部分）。那就會變成只是划動水，而非划動身體。

我們真正要移動的是身體而非手掌，唯有當手掌形成穩固的支撐點（不動的支撐部分），身體才能順利移動（移動的部分）。

「支撐」的移動理論出自羅曼諾夫博士所創建的 Pose Method，我一開始用這套理論來學習游泳時也很不能接受，因為我已經練習「抓水→抱水→推水」很長一

段時間了，所以一開始被教導「不要主動划水」與「不要推水」時，內心產生了強烈的衝突感，直到完全了解背後的理論與真正把 Pose Method 的訓練法落實到課表中，並且感受到進步時，才逐漸體會到它的意義與價值。

用「撐水」來理解游泳的划手動作

試想如何爬上一面牆。首先，你雙手舉高用手掌扣住牆頂，假設你手臂力量足夠，身體向上一擺順勢伸直手臂撐住自身的體重，身體就能順利向上移動（圖 2·1）。移動的只是你的身體，手掌仍撐在牆頭，並未移動位置。手臂的確用力了，但它用力的目的是在支撐身體的重量以及改變姿勢。

接著，試著在腦海中把雙手撐牆的畫面向右旋轉九十度，在畫面裡裝滿水。你浮在水面上把手往前伸，撐住牆頭，然後施力將身體往前拉之後再推出去（圖 2·2）。身體前進了，但手掌仍在原來的位置。沒錯！「如果」水裡有一堵牆，你就能「撐住」它，然後「用力」把身體往前送出去。

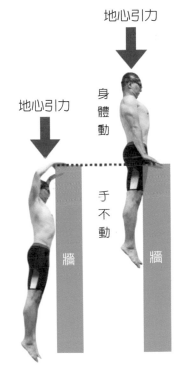

【圖 2·1】爬牆的動作，支撐手不動，身體向上移動，此時肌肉主要克服的是地心引力。

不論爬牆或划手，利用手臂使身體前進的原理都一樣——手掌先要形成穩固的支撐點，身體才能順利移動。當我們在水中時，施力的目的不再是克服地心引力，而是克服水的阻力。這也是游泳有趣的地方：水是你施力的支撐點，也是你施力所要克服的阻力[1]。

現在問題來了，水裡並沒有一堵牆讓我們支撐，那我們該「如何形成穩定的支

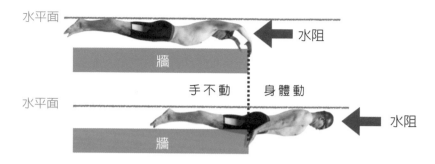

【圖 2‧2】當我們把畫面向右轉，技術優秀的游泳選手的支撐手一樣不動，向前移動的是身體，此時主要克服的是水阻。

撐呢？」這個問題在游泳愛好者的討論圈中常以另一個問題呈現：「如何提高划手的效率？」這兩個問題其實追求的目標是一致的，只是前者更切重要害。問對了問題，才能找對後者的答案。

要回答「如何在水中形成穩定支撐？」這個問題前，我們先來想像另一個更接近自由式的畫面：趴在滑板上撐著地面前進。我們可以用兩隻手交替支撐在地面向前移動。如果我的手掌碰到地面，但僅僅只是觸碰地面，身體若沒有轉移足夠的體重到手掌上的話（手掌上沒有壓力），一樣無法形成支撐與向前移動。

換言之，用手支撐在地面的另一種說法是：把部分的體重轉移到手掌上。

想要移動就必須要有「支撐」，想要形成穩固的支撐就必須轉移「部分的體重」到支撐手上。游泳時手臂的功能跟趴在滑板上「撐地」前進的移動模式是一樣的，當手掌撐在地面上時，手掌並沒有動，動的是身體。也就是說，自由式的划手是在「撐水」前進。它比趴在滑板上撐地前進更難的原因在於：水不像地面一樣穩定，而且多了水阻。

我們如何才能在不穩定的水中形成相對較穩固的支撐點呢？如果我們換個問法會比較容易找到答案：「如何在冰面和沙灘上跑得更有效率？」

答案是「不要用力推蹬地面！」如果你在冰面上跑步還想推蹬地面的話，一定

會滑倒；在沙灘上跑步用力蹬地則會使腳陷進去，很累而且跑不快；同樣的道理，想要穩定支撐在水中就「不要推水」。

身體加速前進時，我們無法推水

如果不推水，要如何加速前進呢？答案是：快速把體重轉移到支撐手上，再讓身體向前失衡落下。

在說明這個結論前，我們先來確認「推水」的定義。如果我只是手臂用力撐在桌上或牆上，但關節沒有伸直，只能算是用手臂「支撐」，不能算是推的動作；但如果我們只是對著空氣伸直手臂卻沒有用力，也不能算是「推」。所以，「推」的動作包含兩個元素：肘關節伸直，同時用力。

「用力」所代表的意義是：體重在支撐手上。以圖 2·3a 為例，身體往後仰，用手撐住牆上（a1），此時手臂就要用力，用力的目的是為了支撐部分體重，接著再使力推牆伸直手臂（a2），就可以把身體往前「推」了。這符合了上述的定義：既伸直肘關節，同時肌肉又用力了。而且肌肉可以用力的原因是體重在支撐手上。

反之，當體重沒有轉移到手上時就無法推牆。以圖 2·3b 為例，因為身體略微前傾，所以手上其實沒有體重（b1），失去平衡身體向前倒，此時因為體重已經轉移向前了，

a1　　　　　　　　　　a2

【圖 2·3a1-a2】推的動作：身體後仰，用手撐住身體，再伸直手臂把身體往前推。因為部分的體重在手掌上，所以才能用手臂的肌力把身體向前推。

b1　　　　　　　　　　b2

所以雖然想用手向後推牆，卻推不到，只是做出伸直手臂的動作而已（b2）。

上述說明是為了幫助大家理解「體重」與「推力」之間的關係是：支撐手上有體重，手臂上的推力才使得出來。

現在你了解我們在向前游的過程中無法向後推水的原因了嗎？道理跟圖

【圖 2·3b1-b2】支撐手上沒有體重就無法使力推牆。b1 的姿勢身體已經前傾，體重不在手掌上了，所以 b2 向前移動的動作是身體失衡向前落下的結果。從 b1 → b2 手臂向後推是推不到東西的，只是做出伸直手臂的動作而已，並無用力推牆。

2·3b 一樣，我們在向前游的過程中，身體的重心（自由式的身體重心大約在肚臍和胸口之間）通過支撐手上方時，正是身體處於失衡（體重偏離支撐點）與向前加速之時，就像身體離牆向前倒一樣（向前失衡落下）。此時，體重已經離開支撐手，用力向後伸直手臂是推不到東西的。如果刻意要用力推，也只是繃緊手臂的肌肉或是把水往後推開，反而會拖延了提臂以及把體重轉移到前伸臂的時間。

簡而言之，支撐點上的體重不在時就會推空。想想看，在圖 2·4 的情況下，重心剛通過支撐手，速度來到整個划手過程中的最大階段，身體正快速向前移動中，此時我們的手掌是無法向後推水的。

所以當支撐體重的手掌通過肚臍之後，體重其實已經不在了，體重不在代表已經失去支撐，推進力消失，無法再加速。這就類似跑步向前落下時，向後蹬是無效的原理一樣，**因為我們的肢體創造的加速度比不上重力加速度快**，當向前落下時要先等待，等到失重後就要及時完成轉換支撐的動作。以自由式來說，就是快點把手臂提起來，及時把體重轉移到另一隻手掌上，才能再進入下一次的失衡、落下與加速（因為水阻很大，我們必須不斷創造加速度才能維持等速前進）。

為什麼很多選手在游快的時候，確實是大拇指擦到大腿外側，就像推到底一樣呢？這是視差造成的。其實頂尖選手的手掌並沒有動，只是身體向前移動太快了，支撐手被留在身體後面，如此而已。在游速很快的時候，雖然肚臍通過手掌上方時，手上已經沒有體重支撐了，可是此時剛剛失重，身體前進的加速度很大，所以手掌被留在身體後方。

【圖 2·4】推水完成。此時的主動動作應是向上提臂，而非向後推水。

這並非主動的推水動作。就好像跑者跑很快的時候，身體一直向前快速移動（衝刺跑者的時速可達 40 公里以上），但不管跑多快，當跑者一落地，支撐腳的速度就會變成零，所以腳掌會「被留在身體後方」。當我們看菁英游泳選手的游速很快時，手掌只是被留在身體後方來到大腿外側而已，並非主動用力的推水動作。

因為菁英選手每次划手結束前大拇指的確都會經過大腿外側，所以很多教練會要求手掌「推到底」。但透過前面的說明，你現在應該已經了解，手肘延伸與手掌划到大腿旁的動作是「被動發生的現象」，並非主動推水的結果。

如何透過影像分析來判別游泳技術的好壞？

我們看到自由泳選手「似乎」是把手往後推到底，其實是視差。你可以上網，隨便搜尋世界盃或奧運比賽中自由泳決賽的水中影像來研究，仔細觀察這些選手的手掌入水點與出水點分別對應的水道繩顏色，你會發現他們的手掌在水中幾乎沒有動，真正移動的是身體（圖 2·5）。因為身體快速向前移動，而手掌的體積比較小，所以看起來才會像是手掌主動往後划。

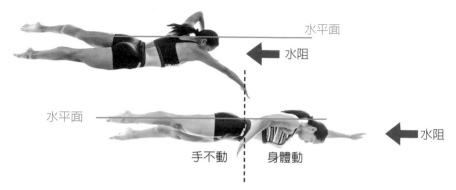

【圖 2‧5】手掌的入水點與出水點幾乎相同。

　　技術頂尖（奧運得牌）的選手，因為支撐很穩定，所以當身體重心通過支撐手之後，向前失衡與落下的速度很快，支撐手在出水前不但不會向後，還會被快速向前移動的身體順勢往前帶。

　　因此我們可用入水點跟出水點之間的差距來判別划手的效率：

　　1.【優】技術優秀的人：出水點在入水點之前。他們的手掌在入水後懂得等待，不會主動向後划，就像是穩固支撐在水中一樣，從影片看起來像是在划手，但實際上卻是「手掌不動，身體動」，所以優秀選手的手掌入水點跟出水點會在同一個點上。甚至技術更高超的選手，當身體重心通過支撐手後，身體會因為向前落下的加速度，使得手掌在出水前繼續向前移動，跑到原本的入水點之前，而且技術愈頂尖的選手，出水點（黑箭頭）會領先入水點（紅箭頭）愈多。可見下一頁圖解分析。

　　2.【差】划手沒有效率的人：手掌的出水點會在入水點之後。我們在泳池常看到這一類的游泳愛好者，拚命把手往後划，身體卻前進很慢。因為主動向後拉動手掌與推水，力氣大都用在把水往後推，身體變成支點，移動的部位反而是手掌，所以反而無法穩固在水中形成支點使身體向前落下。技術愈差的人，出水點（黑箭頭）會離入水點（紅箭頭）愈遠。

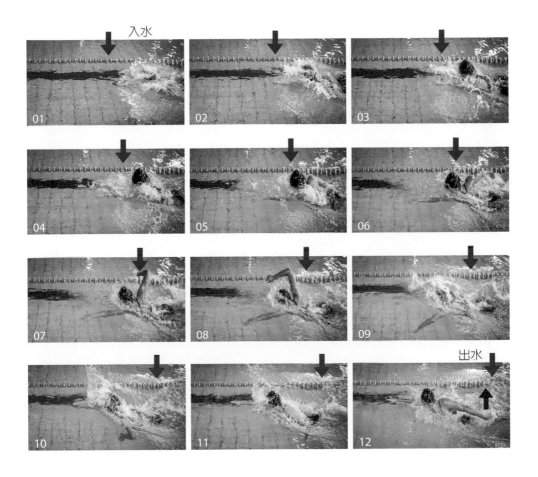
入水

出水

　這裡要事先說明的是，在影像分析時可以用不同的水道繩顏色來當標記。而且為了方便起見，我們可以直接以手掌的入水點與出水點來判別技術的優劣，但真正開始用手掌撐水的時間並非在入水瞬間。因為手掌入水後，另一隻手還在支撐體重，所以前伸手必須「等待」，直到軀幹下方支撐手通過肚臍附近體重從支撐手上離開（失重），而且開始向上轉肩與提肘時，前伸手才會開始被動下壓，這個動作也就是傳統上定義的「抓水」動作。後面會詳加說明，我們先討論水感和支撐理論之間的關係。

2. 水感的奧祕

　　喜歡游泳的人幾乎都曾跟人討論過「水感」，過去我跟游泳同好討論它時，感覺會很玄。頂尖的高手游起來毫不費力，如同水中生物般優雅地移動。如果你問他那是什麼感覺，他會用許多描述性的語言說明他的水感，而且不同的高手所描述的感覺都不一樣：「就像在游下坡」「去感覺水的流動」「別去跟水對抗」「要去抓感覺」等。

　　但透過前面支撐理論的解釋，現在我們應該有辦法來回答「水感是什麼？」這個問題了。

　　水感就是：轉移到支撐手上的體重。當體重透過轉肩與提臂轉移過來後，支撐手與水之間形成的壓力就是水感。這股因轉肩所帶來的壓力，會讓你的前伸臂像壓在實體物上（像前面舉例的牆面），愈高比例的體重轉移到划手臂上，你就愈能掌握到「實在的水感」。換言之，如果體重沒有順利轉移過來，例如腳太沉、只透過轉頭換氣而沒有轉肩、支撐手的手肘低於手掌或主動划水，都會使手掌上的體重變小，支撐變差，這就是沒有水感的背後原因。

水感的起點與終點

　　了解水感的定義後，你當然還會想接著問：「那要怎麼練才能加強水感呢？」先別急，我們先來了解水感的起點與終點（實際加強水感的訓練將在本章第 7 節〈水

感的訓練方式〉與第三章的力量訓練動作中介紹）。

　　前面提過，水感的成因在於重量突然改變才能形成「加壓感」。水感的形成是一種支撐身體部分體重與失去體重的過程，當右手完成支撐的任務剛開始要抽出水面的瞬間，即是左手水感成形的「起點」（圖2·6）。

【圖2·6】左手水感的起點：當右臂完成划手，手掌剛要出水的瞬間。

【圖2·7】第一次加速開始：當右手手肘從最高點開始向前落下時。

　　當右手手掌上的重量失去，右臂也接著順勢提起，直到手肘經過最高點的這段過程，浮力逐漸減少，左手臂上所承擔的體重也跟著逐漸增加，那股壓力會使水變得實在。當右手肘經過最高點，手臂與肩膀會開始一起向前落下（圖2·7），這是划手過程中的第一次加速。

　　圖2·8是知名泳將亞歷山大‧波波夫（Alexander Popov）的划手加速變化曲線，從這張圖中可以看到幾個非常有意思的地方：

一、抓水（A→B）是一段最大幅度的減速階段。

二、划手過程中有兩次加速期（B→C與D→E）。

三、抱水與推水的加速過程中有段微小的減速期（C→D）。

　　很多人看到這個研究會認為抱水與推水是我們要主動用力增加推進力的時刻，但為何會有兩段加速？而且第一段加速結束後有段微小的減速期（C→D），為什

麼？又為何在划水初期需要一大段的減速階段？過去這些問題很難回答，但當我們了解支撐與體重之間的關係後，就都能解釋清楚了。

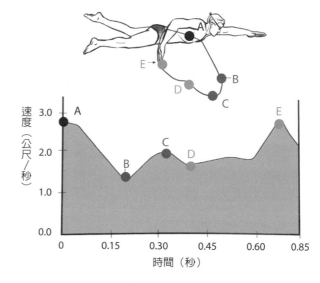

- A→B：要移動就需要支撐點。因為水是不穩定的，為了形成穩定的支撐，必須先把體重轉移到支撐手上，所以傳統定義的抓水動作並非主動向下壓水，而是因為轉肩與向上提臂的動作，才使支撐手被動向下壓，這是加速之前的準備期，非有不

【圖2·8】划手的加速度變化曲線（圖片摘自 Ernest W. Maglischo, *Swimming Fastest*. United States: Human Kinetics, 2003. p.29.）。

可。泳者透過提臂把體重快速轉移到前伸臂的姿勢，有點像跑步時腳掌的落地點在臀部前方，所以會產生減速的剎車效應。

- B→C：右手從抓水轉入抱水姿勢的同時，左手掌從高點入水，位能轉換成動能，前進速度迅速提高，這是失重/失衡的現象，也是第一次加速的過程。
- C→D：入水後，右手上的體重會快速變小，而且身體瞬間變成「平游」姿勢，水阻加大，所以速度會掉下來一點。
- D→E：身體重心（游泳時的身體重心在肚臍附近）愈來愈接近支撐手，所以右手上的重量再次增加，接著第二次失去平衡，身體向前加速落下，在E點時達到最高速。
- E點：注意了，此時手臂尚未完全伸直，而速度已經開始快速往下掉了，如

果E點之後還刻意用力打直手臂推水的話，只是浪費力氣，而且還會延後提臂與換手的時間，划手的效率和速度都會受到阻礙。此時右手已開始向上提臂（右手手肘已出水），是左手水感的起點（撐水的起點），也因為主動提臂的動作，所以左手的水感被動形成。圖中的泳姿在Pose Method中稱為「關鍵泳姿」（key pose）。

經由前面的分析，我們可以把 A 點定義為建立水感的起點，到了 B 點水感建立完成，開始用來加速，C 點來到第一次速度的高峰，水感會略微消弱，接著體重又逐漸壓上手掌，D → E 是第二次水感建立與失重加速的階段。

轉肩提臂是因，水感是果

左側肩膀向上轉動與提臂的過程，跟右側水感的形成是相輔相成的。前者是因，後者是果。在力量充足與軀幹穩定的情況下，提臂愈高，水感的形成也愈扎實。怎樣才算穩定呢？簡單說就是水感成形的過程中不要晃動。如果你的身體或右臂在這過程中產生晃動，就會讓支撐手的水感無法延續。這也是第三章力量訓練的重點，手臂要撐得住轉移過來的體重，而且內在的核心力量也要足夠，做動作時才不容易晃動，這是維持水感的關鍵。沒有力量，就沒有水感與技術。

有位學員在訓練營中曾提出一個好問題：「在水中用手臂主動快速往下壓，也會感覺水忽然變實在啊！這和不要主動壓水的差別何在？」主動壓水時變成以身體為支點，小臂與手掌主動下壓，不只力道會變小，還把軀幹當成了支撐部位，不利於身體前進。游泳時手掌才應該是支撐者（support），軀幹是行動者（action），手掌支撐愈穩（愈安靜），軀幹移動才會愈快。如果手掌主動下壓，軀幹的移動效率就會下降。

轉肩是啟動水感的動作，但若要延續水感則需要「穩定」與懂得「等待」。當右手在支撐時，如果右臀太早向上轉動，體重會提早離開支撐手，右側的加壓感（水

感）就會減弱，此時就必須主動加速划手才能再創造掌臂間的水壓。有些人會主動用核心發力帶動划臂的動作，在抱水動作[2]完成後，這類泳者會刻意轉動臀部來加大向後划水的力量，但我們現在知道，這的確會讓手臂感覺出更多力，但卻只是把水往後推而已，對前進的效益幫助不大，因為右側臀部的體重已經被你轉移掉了。

支撐手上沒有體重，就沒有推進的力量。

當臀部一往上轉，支撐手上會突然感覺「變空」，接著就主動用手臂向後推水。這也是為何許多人在失去水感後會想加速划動手臂的原因。因此，維持水感的關鍵之一是「穩住臀部」，在騰空臂的手肘提到最高處之前，划手臂那側的臀部不能轉動。假如你太早轉動臀部，水感就會被提早破壞。

臀部的轉動也有其功能性，會在下面章節提及。

▍別划得太用力▍

我們時常會划得太用力。其實，肌肉所需出的力氣，只要剛好能夠負荷從另一側轉移過來的體重即可，就算加快游速，手臂所承擔的力氣，也不應超出身體壓在手臂上的體重，多出的力都沒有作用，只是把水往後划，或是把身體往上撐而已。

3. 使你游得更輕鬆有力的 「轉肩技術」

　　轉肩除為了上述減少水阻的目的，還有其他多項好處：

● 避免肩膀受傷。

● 幫助手臂恢復。

● 輔助提臂之後讓手掌切入水中。

● 入水後幫助手臂拉長以增加划距與身體線。

● 輔助大肌肉與核心肌群的啟動。

　　我們先談談前兩項，為什麼轉肩可以避免受傷與幫助恢復呢？

　　請你先平趴在地面上，胸口、腹部與大腿都貼住地面不要離開，接著把左手往前伸，想像你在游泳時抬起右手，往空中移臂時，手掌末端必須高於耳際的水平線（因為你在水中時手掌一定要抬出水面才能前移）。發現了嗎？如果胸口不離開地面，儘管你柔軟度再好，也很難做到這個動作。你必須拉緊肩膀的三角肌才能提起手臂，因此既不容易達到放鬆的效果，也容易拉傷（圖 2·9）。

　　你會發現，如果肩膀不抬起來，平趴在地面上時，不只手掌很難離開地面（如同划手動作完成後手掌很難抬離水面的感覺），入水的方向也會很容易超過身體中

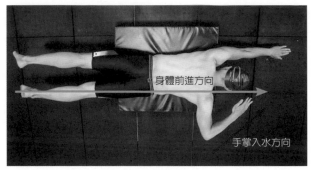

【圖 2.9】沒有轉肩,不只手臂很難提出水面,手掌入水的方向也很難與前進方向平行,而且很容易拉傷。

【圖 2.10】側身之後,肩膀比較容易抬出水面。

心線,造成身體的左右偏轉。所以轉肩不只讓提臂變得更輕鬆(讓復原手放鬆),同時使手掌能夠輕易地往身體正前方入水。

接著,請你一樣保持原本平趴在地面左手保持前伸的姿勢,此時如果你把整個身體側過來,右肩就很容易抬高超過耳際線,表示提臂時,肩膀可以很放鬆地抬出水面(圖 2.10)。

利用轉肩來提臂,手臂可以同時「提高」又「前移」,不像是平面式沒有轉肩的身體,會使手臂在入水時形成左右轉動的側向力。相對地,轉肩可以使手掌在入水時很自然地沿著身體的中心線前伸,不只加長身體的吃水線,也會讓身體始終保持直線前進。

轉肩是把垂直位能轉化成前進動力的技術

另有一個常被忽略的關鍵概念:雖然我們是向前游,但向前游進的身體不只是水平移動而已,它也隨時處在垂直的位移狀態中——也就是轉肩的動作,當左邊肩膀抬高時,手臂順勢往上提,順著重力讓手掌切入水中,左肩接著入水(此時右肩同時轉到水面上),正是把垂直的位能轉換成水平前進動能的關鍵。如此交替循環,

從水面向前落入水中的手掌與手臂，正是把身體不斷往前帶的動能之一。最棒的是，它利用地心引力本身的力量，完全免費，如果能善加利用，可省下許多力氣。

我們可以想像成騎自行車時利用體重壓下踏板，讓輪子前進。自由式的轉肩機制也是利用同樣的物理原理，當一側的身體從高處落下的同時（也就是手掌入水），正是把位能轉換成前進動能的時刻。那些能把自由式游得出神入化的人，看起來划頻慢但速度卻飛快的原因，正是他們能掌握到其中的微妙之處，就像自行車的踩踏動作，完美地把垂直的位能轉化成前進的動能（圖2·11）。

【圖2·11】左臂／左肩出水時，右手會順勢下壓，因此轉肩與提臂就好比是自行車的踩踏動作，把垂直的位能轉化成前進的動能。

4. 划手的關鍵姿勢

　　我們可以把上述的理論歸納成羅曼諾夫博士在《Pose Method 游、騎、跑三項運動技術》提到的五條「移動共通原則」：

　　1. 所有物體的移動都是在重力場內跟環境互動下完成的。

　　2. 不管任何移動都是在各種外力作用下的結果。

　　3. 內力只能改變身體的姿勢，只有外力能讓身體移動。

　　4. 任何運動都會牽涉到身體姿勢改變所造成的支撐點轉換。

　　5. 所有物體的移動都是失衡與平衡之間反覆循環的結果。

　　從過往教學的過程中，我發現不少游泳愛好者雖然都可以理解這些原則，但因為會跟過去的概念、知識體系與長期積累下來的經驗形成衝突，因而影響訓練效果。所以在了解上述支撐、體重與水感之間的關係後，接下來我們要把上面介紹的理論跟「傳統概念」連結起來，讓大家明白大部分游泳教練所教的「動作」都是對的，只是因為「用語」與「原理」上的誤解而演變出沒有效率的用力模式。

　　直白地說，所謂的「傳統概念」是指大部分教練會教的提臂、入水、抓水、抱水與推水五個划手階段。不管你是誰，只要游自由式，每次划手必然會經過這五個階段。只是抓水、抱水與推水這三個名詞，很容易引導人去主動用力划水，造成效率不彰。

移動是失衡，失衡是重心偏離支撐點（亦稱「失重」）。所以移動的效率來自於用最少的力量來創造失衡。所以上面提到的第三個原則「內力只能改變身體的姿勢，只有外力能讓身體移動」，所強調的是向前移動時需要改變身體的姿勢，才能不斷利用重力創造失衡。

【圖 2‧12】關鍵泳姿，左手支撐的起點。

【圖 2‧13】提臂手的手肘來到最高。

【圖 2‧14】前交叉。

【圖 2‧15】入水。

【圖 2‧16】延伸。

【圖 2‧17】第二次加速開始。

【圖 2‧18】推進力結束。

【圖 2‧19】關鍵泳姿，右手支撐的起點。

因此學習游泳加速技巧的目標有二：⑴ 學會運用更多的外力（重力是外力）；⑵ 有效利用內力（肌力是內力）。接下來的問題是：「哪些姿勢才是運用重力的關鍵呢？」「我們該怎麼把上述這些原則運用在游泳技術中，進而提升游泳動作的效率？」

上一頁是全國運動會金牌得主張芳語的自由式水下動作，我把她的划手動作分解成八張圖來回答上述的問題。

撐水／抓水：尋找新的支撐點

從第 64 頁圖 2·8 划手的加速度變化曲線，我們得知自由式每次划手有兩次落下加速，加速的起點分別在圖 2·14 與圖 2·17。在那兩個瞬間，身體開始繞著支撐手向前落下。手上所分配的體重比例愈高且愈穩定，向前落下的加速度也會愈高。

「圖 2·12→圖 2·14」是身體轉換支撐的過程，此時體重正在從另一隻手轉換到前伸臂上，這是加速的準備階段，所以泳速是下降的（右圖的 A→B）。

A 點是傳統定義「抓水」動作的起點，當我們從支撐與移動理論來看，可以把它解讀成「撐水」的起點。差異點在於主動與被動。

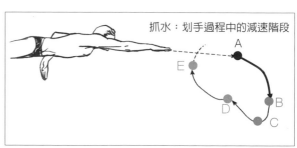

【圖 2·20】抓水是划手過程中主要的準備階段，泳者正在把體重轉移到前伸手上，所以泳速是下降的。

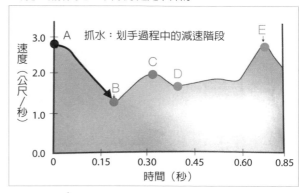

記得初學自由式的那幾年，泳隊的學長姊常對我說：「抓水很重要！沒抓到水，後面都是白划。」雖然抓水看起來的確是用「手」去「抓」的動作，但實際上手掌中所形成的水感，是提臂過程中體重轉移所形成的。此時並非主動用手掌向下壓，更不是用手指「抓」。「抓」這個動作常會被聯想成手指或手掌的主動動作，那只是表象，實際上這個動作應該是被動成形的，不是「主動抓水」。

大臂不動
只有手掌和小臂被動下壓

【圖 2·21】關鍵泳姿，左手撐水的起點（也是抓水的起點）。　【圖 2·22】提臂手的手肘提到最高點時（也是抓水的終點）。

拿圖 2·21（A 點）來說：當右手提臂，體重轉移到左側，左手準備開始（被動）下壓，手掌上的確會有很像抓到水的感覺，但這个不是主動用手去抓水。

傳統定義的「抓水」動作（圖 2·21 → 圖 2·22）是划手推進中最重要的第一步，如果此時手掌無法形成穩固的支撐點，後續的抱水、推水都是徒勞，就像在跑步機上跑步一樣，很多力氣都花在把水向後划而已。

此階段的動作要領是：肩膀到手肘（大臂）不動，接近與水面平衡的姿勢，當感覺到體重轉移過來時，手掌順勢往下壓，維持高肘的姿勢（肘高於掌）。此時业非划手的主要推進期，而是推進的「準備期」，所以不應太用力，動作幅度相當小。從圖 2·21 → 圖 2·22 你應該也看得出來，除了手掌與小臂（被動）下壓外，大臂、肩膀、軀幹與臀部幾乎都沒有動。

此時身體主要的移動部位是：水面上的手肘正在從身體後側移到頭頂（主動動作），這也是手掌與小臂下壓（被動動作）的原因。

前交叉與後交叉的分別

前交叉的定義是雙手的交叉點在額頭前方，當手掌入水時，支撐手尚未通過前額（圖 2.23）。後交叉的定義是雙手的交叉點在額頭後方，當手掌入水時，支撐手已經來到胸口附近（圖 2.24）。

幾乎所有的自由式研究者與教練都發現長距離泳者會採取前交叉，50 與 100 公尺短距離衝刺選手採取後交叉游法，過去很難用適合的理論來解釋，但是當我們了解支撐理論就能了解背後的原理了。

【圖 2.23】前交叉：右手入水時左手掌還在額頭前方。

前交叉所代表的是身體撐出水面的體積較少，支撐手上所分配體重的比例較小，落下（入水）加速度也較小，這種游法比較省力，所以較常被長距離選手採用。像目前女子 800 公尺世界紀錄保持人姬蒂就是採用前叉交游法。如果你注意看過菲爾普斯的

【圖 2.24】後交叉：右手入水時左手掌已通過額頭。

自由式動作，會發現他兩隻手的交叉點在非常前面，提臂掌快要入水時，前伸臂的手掌才開始向後移動。

相對而言，後交叉這種游法需要較大的手臂力量，因後交叉的前提是，手肘要抬得更高，肩膀也會出水更多。在身體更多比例出水的情況下，浮力減小，支撐手上所承載的體重增加，所以手掌入水前的加速空間更大，在手掌入水前，身體被快速往前帶，支撐手自然被留在外後方的位置。所以後交叉並非泳者加速抓水與抱水的動作，而是增加轉肩與提臂幅度之後速度增加的結果。

因此後交叉常為高划頻與短距離選手所採用，而且後交叉游法的第一次落下加速度會比第二次明顯，世界上最知名的後交叉泳者是波波夫。

「關鍵泳姿」是一段維持姿勢的過程，不是一個瞬間

關鍵泳姿的起點從手肘出水開始（圖 2.25 與圖 2.26），此時另一側的手掌、肩膀與臀部都在低位，在第一個關鍵泳姿時，要盡量使它們都維持在相同姿勢位置。如果軀幹與臀部在入水階段晃動了（姿勢維持不了），那落下的加速度就會變小。關鍵泳姿維持得愈好，加速的效率愈好。泳姿一走樣，加速度就結束了。

【圖 2.25】水面上：關鍵泳姿，左手準備支撐。

【圖 2.26】水面上：關鍵泳姿，右手準備支撐。

肩膀與手肘繼續提高（圖 2.27），支撐手（圖中左手）上的體重也逐漸增加。當轉移到左手上的體重比例愈高，接下來身體向前加速落下的潛能就會愈大，這是一種位能轉換成動能的過程。為了讓左手上感覺到的壓力（重量）持續加大，左側臀

【圖 2.27】水面上：手肘提到最高點，準備開始向前落下。

部要保持在低位不能轉動，左臂也要保持在高肘狀態（肘高於掌）。若手肘或大臂掉下來，支撐手上的體重也會減少。所以此時保持高肘很重要。

【圖 2·28】水面上：前交叉瞬間，手掌尚未入水。

提臂手的手肘剛通過最高點，向前落下加速從此時開始。支撐臂上的力矩來到第一個關鍵姿勢最大時，正是俗稱的「前交叉」姿勢（圖 2·28）：此時雙手手掌在額頭前方交叉。我們可以注意到，前交叉時（圖 2·23）支撐手的大臂一樣在高位，完全沒有掉下來。所以從手掌、手肘、肩膀到臀部的支撐鏈相當重要，它們能承受的體重愈多，向前落下的加速度就愈大。

只有在臀部穩固的情況下，前伸臂才能形成穩定的支撐

寫這本書的過程中我訪問了許多游泳教練與選手，發現他們對於划手有兩套截然不同的用力心法：有些選手是由上半身的轉肩帶動划手；有些選手卻是藉由轉臀的力量（或核心發力）來划手。訪問的過程中，我在「到底何者才『對』」的困境中掙扎。

直到我了解支撐理論之後才知道這兩種心法都有問題。很多人會認為自由式「發力的源頭」是臀部，「利用轉動臀部的力道可以幫助我們運用核心帶動手臂向後拉」，藉此推動身體前進，會有這樣的觀念主要是誤以為「內力」可以推進身體前進。但內力的功能只是用來「維持姿勢」與「改變姿勢」。

臀部和手臂之間的關係當然很重要，但兩者間的關係並非「誰先發力」或「誰

帶動誰」。

　　有支撐才有移動，體重必須存在，能夠幫助移動的支撐點才會形成。力的源頭在體重，而體重是從重力來的。所以說「發力的源頭」在臀部與肌肉這種說法，並不合理。因為若失去了重力或體重，肌肉再強壯也會無法移動。臀部只是用來平衡，它之所以會轉動是為了平衡轉肩的動作，它的轉動幅度一定比轉肩的幅度小，才能在前伸臂上形成較為穩固的支撐。

　　身體在水中的體重由浮力與前伸臂分別承擔，羅曼諾夫博士把它稱為「浮力支撐」與「移動支撐」（圖2·29）。向前游與漂浮在原地的差異在於，把體重從浮力支撐轉移到移動支撐上，再創造向前落下的失衡過程。

　　臀部的主要功能是使體重能穩定支撐在划手臂

【圖 2·29】在水中，身體的體重由浮力與前伸臂分別承擔。

上。如果臀部沒有提供穩定的「浮力支撐」，前伸臂也會無法成為有力的「移動支撐」；移動支撐上的體重才是自由式真正的力量來源，不是臀部。

　　如果划手的力量由臀部啟動的話，它就不再具有穩定功能，移動支撐點上的重量就會削弱，支撐點上所能運用的體重變輕了，游速就會出不來。因為當臀部太早（或過度）向上轉動，就等於是在支撐臂完成工作前搶走它的力量。

　　只有在臀部穩固的情況下前伸臂才能形成穩定的支撐。臀部主要的功能好比支撐臂的「錨」，它的工作是「繫住」支撐臂。如果臀部太早向上轉動，支撐鏈就「鬆掉」了，手掌上的體重（壓力）就會變小，體重一變小，後續向前落下的加速度就會跟著降低。也就是說，如果臀部在支撐期刻意向上轉動，在同一條支撐鏈上的移動支撐也會跟著變得不穩，這就等於動到划手力量的根基。

關於臀部是「錨」這個比喻。讀者可以想像站在一艘靠在岸邊的小型獨木舟上面，你想從舟上往前跳到岸上，如果沒有下錨的話，因為獨木舟會往後滑所以你跳不遠；但如果水下繫錨綁在獨木舟上，你就可以跳出比較遠的距離。原因是：移動支撐（也就是獨木舟）在繫上錨時較為穩固（圖2.30）。所以在抓水時，從手掌、小臂、大臂、軀幹到臀部這條動力鏈就像繫在獨木舟上的錨繩，錨繩的張力愈大，移動支撐就能更為穩固。如果你在向前跳時錨被別人拉動了，舟身的穩定度也會立即變差，那你向前跳出的速度和距離也會大打折扣。所以，在水感形成前臀部絕不能先轉動。

【圖2.30】 站在下錨的舟上往前跳可以跳得比較遠。臀部就像錨一樣，支撐手到臀部的位置繫得愈緊，舟身（移動支撐）也會愈加穩固。

入水與向前延伸

右手掌入水（圖2.31）與向前延伸的動作，另一隻手也同步完成高肘抱水與推水的動作（圖2.32）。

入水的動作想要俐落無氣泡的要領是，入水前的肩膀必須高於水面（避免水阻），手掌自然打直，掌面斜切入水。入水後，手掌朝向池底，並且與手肘、肩膀向前延伸成一直線，此直線與身體中軸線

【圖2.31】入水。右手手掌自然打直，掌面斜切入水。

平行。入水後先維持姿勢，不能急著划水，必須等待另一側的體重轉移到手掌上。

【圖2.32】入水之後要懂得等待，隨著划手臂向後的動作自動向前延伸，不能急著向下抓水，要等到圖中左手上的體重消失且轉移到右手上時才能向下壓。

　　手指入水前必須伸直手掌，以掌面朝向自己，用食指、中指、無名指指尖斜插入水。有些教練與教科書要求入水時掌心朝外以大拇指入水，但如此一來，入水後還需把手掌翻正，否則支撐點就會朝向外側，造成身體左右偏擺。所以最好一開始先要求自己以中指指尖入水，這樣掌心就會自然朝向池底，入水後就不用多一個翻正手掌的步驟。

　　手掌入水時需保持些微的緊繃感，才能像刀刃一樣俐落地切入水中，這樣可以形成最少的氣泡。很多人手掌入水時好像在和水面擊掌，空氣被打入水中，使你接下來支撐在含有氣泡的水中，撐水的實在感（水感）自然變差。

　　如果在入水過程中姿勢沒有維持好（動作不穩定），加速度的方向就會偏離。假設我們以鼻頭為中心點，向肚臍畫一條貫穿身體的中線（見圖2.33藍線），手掌在入水時不應越過這條線。我們從肩膀向前拉一條跟中線平行的直線（見圖2.33紅線），手掌應在此紅線上入水。為什麼不是在頭頂入水呢？因為轉肩的關係。手掌入水點不應在中線上，而應在肩膀的延伸線上，入水後肩膀落下與壓水的動作會順勢把手臂帶到接近

肩膀延伸線

中線

【圖2.33】正確的入水點。指尖入水瞬間，入水點在肩膀的延伸線上。

中線的位置上。但如果手掌在頭部正前方入水，轉肩後手掌勢必會超過中線，造成身體的支撐結構不穩定，使得第二次失衡落下的速度變慢。

有利於水感形成的手臂姿勢：高肘

入水是划手過程中第一次失衡落下的加速過程（圖2·14→圖2·15），此時支撐手上的體重尚未消失，因此身體還有速度，接著身體的重心（肚臍附近）愈來愈靠近支撐手（圖2·16→圖2·17），手掌上的體重又再次增加，壓力增加時心裡會很想主動向後划，但一主動划就會失去效率。此時要專注在維持姿勢上，因為手掌上的體重逐漸增加，姿勢很容易走樣。此時只要能維持住肩高於肘、肘高於掌，且手掌在肩膀的正下方沒有開掉（圖2·34），下一階段的推進力就會自然產生。

【圖2·34】肘永遠高於掌，當支撐手來到最低位置時，手掌會位於肩膀的正下方。

體重重新壓在手臂上所形成的姿勢很像把水抱進懷中，所以很多人會刻意在划水時做出抱水的動作。但現在我們都知道，其實手臂不該主動做出任何動作，在支撐期，手臂的任務在於維持高肘的姿勢（肘高於掌），如此一來，支撐點上才有足夠的體重形成穩定的支撐。**所以抱水只能說是一個姿勢，不是一個動作。**

在這個階段，肩膀和臀部都還沒開始向上轉動，所以划手臂上的體重才不會提早離開，支撐力道才能維持，也因為體重持續壓在抱水臂上，當重心通過支撐點時，才能把重力轉換成向前落下的加速度。

所以抱水階段並非用力「把手掌划向身體」，而是在等待身體通過手掌時盡量維持好的身體姿勢。兩者看似一樣的動作，但後者才是掌握水感的關鍵。

所謂「好的身體姿勢」為何？

如果身體要順利前進，支撐點的位置（手掌）絕對要比身體的每一個部位都低，才能讓體重有效轉移到手掌上，形成穩固的支撐點。「高肘」（肘高於掌）正是讓手臂有效支撐體重的最佳姿勢。但高肘不能只是做樣子，如果只是用高肘的姿勢主動向後划水，只是把水向後划動，一樣會失去效率。此外，穩住臀部與肩膀的位置也相當重要，如果它們其中之一太早向上轉動，支撐手上的體重會被消弱，後續向前落下的加速度就會出不來。

形成水感的方法在於有效地讓身體體重轉移到前伸臂手掌上，這才是根本之道！要怎麼把體重轉移到前伸臂呢？找一級階梯，雙手撐在上面就能體會：當階梯愈低或腳掌被人抬起時，前伸臂的壓力就會增加，那是因為「身體重心前移」的關係。所以把體重轉移到手掌的關鍵，就在軀幹與下半身要高於肩、肩要高於肘、肘要高於掌，而且手臂的力量也要足夠。反過來說，如果你做到高肘沒有水感，沒有速度，原因就在於你只是做出高肘的樣子，體重並沒有順利轉移到手臂上，或是手臂的力量還無法承擔。總之，高肘只是外在的招式，運用轉移體重的技巧才是內在的心法。

前面我們已經提過所有的移動都要有支點，而自由式的主要支點在手掌上。一方不動，另一方的移動才有效率。這裡再舉個簡單的例子，我們之所以能靠走或跑的動作前進，是因為地面不動，腳掌形成「固定」的支撐點使身體「移動」。假若改成在跑步機上，雖然跑步的動作和在操場上一樣，你花了相同的能量，卻一直停留在原地。為什麼？因為支撐於履帶上的腳掌不斷移動，所以軀幹反而變成不動的一方。道理一樣，如果我們趴在岸邊用力在水中划動手臂（圖2.35），手臂所花的力氣只是一直把水往後推（手掌動／身體不動），就跟在跑步機上一樣，跑得很用力卻沒有前進。在沙地上跑步很累又沒效率的道理也一樣。如何在沙地上提升跑步效率呢？只要你能不刻意下踩、不蹬地、不要用腳掌主動對沙子用力，你的腳掌就不容易陷到沙子裡，效率就會自然提升。換成在柔軟的水中划手時，只要你不主動

壓水、不主動抓水、不主動抱水，就不會落入用力壓水與推水之後身體卻沒有前進的困境。

水被往後推動，但身體沒動

【圖 2·35】手掌動／身體不動的划手方式，就好比趴在岸邊划水。這種把手掌划向身體的動作只是把水往身後推，我們必須改變這種用力模式。

【圖 2·36】抱水姿勢：手掌雖然更靠近身體重心，力臂縮短，但壓在手掌上的重量增加。此時也是第一段落下加速最快階段，支撐點愈穩定（愈能保持不動），向前加速度愈大。

跟在沙地上跑步的差別在於，游泳時手掌需要有（高肘）下壓的動作，使支撐點變穩固，但這個下壓的動作是另一側的提臂造成的，並非主動壓水。

下壓是為了扣住「靜水」以形成更穩定的支撐點，因為划到不動的水才能讓身體有效前進。抱水階段，手掌壓得比抓水時更深（因為轉肩而被動下壓），手掌可以支撐在相對不動的靜水上，更有利於身體移動的效率。當划手臂來到抱水姿勢時（圖2·36），手掌雖然更靠近身體重心，力臂縮短，但壓在手掌上的重量卻增加了。當手掌上的重量逐漸增加時，要維持「肘高於掌」的姿勢會愈來愈難，如果手臂力量不夠，泳者的手肘會掉下來，或是手掌不自覺地朝內或朝外以卸掉增加的重量。只要發生其一，划手的推進力就會大減（許多人做不出有助於加速移動的高肘划水是因為肌力不足，第三章將詳細介紹各種加強水感的力量訓練方式）。

推水：划手終點，準備轉換支撐

推水（圖 2·37 → 圖 2·38）是整個划手動作的第二次加速期。在推水的過程中，同一側的肩膀、手肘與臀部同時向上轉動，過去會認為這是利用核心來帶動推水的

技巧，但我們知道自由式的推進力不是來自把水向後推，所以我們看到菁英選手在推水階段身體的轉動，並非為了提升向後推水的力道，而是因為另一隻手臂入水與身體向前落下加速的動作所造成的。當身體的右側入水，左側身體自然會向上轉動。

所以軀幹的旋轉動作是因為落下動作所產生的，並非核心主動發力的動作。同理，當身體向前加速，支撐手也會自然被留在身體後側，這看起來像是用力向後划，其實只是手掌被留住身體後面而已。當手掌在肚臍附近時就該開始往上提了，此時因為手掌所在的位置較深，所以從開始提臂到完全出水會有一段位置的差距，這段差距常被誤認為是泳者主動推水的動作。當泳速愈快，

支撐體重

【圖 2.37】第二次加速開始。

重心在支撐點之前處於失重狀態無法再推水加速

【圖 2.38】加速結束。看起來像主動推水，其實推水的動作是現象，並非主動完成的動作。

手掌會愈接近在大腿外側出水。在泳速較慢的情況下，因為身體前進較慢，手掌出水時會像是沒有划完，但事實上，對初學者與慢游的泳者而言，「沒有推到底／大拇指沒有划到大腿外側」才是適合他們的技巧，等力量提升或游速變快後，手掌才會自然接近大腿外側。

前面我們已經說明了傳統所定義的推水動作其實並無法主動進行。

圖 2.37 → 圖 2.38 是身體的重量通過支撐手正上方之後，平衡被破壞，支撐手被留在後方的結果。身體此時以最快的速度向前落下。大部分的人會誤以為此時是靠推水加速，其實是靠失衡加速。

圖 2.38 之後，體重已經不見了，若刻意伸直手臂推水完全沒有意義。其實大部分的菁英選手，當他的手掌通過肚臍之後（圖 2.38 之後）所做的並不是推水，

而是提臂的動作，注意比較圖 2·37 與圖 2·38，你會發現她的手肘一失重就開始往上抬了。

提臂，準備轉換支撐點

　　傳統認為提臂的目的是為了「恢復」，但我們現在知道它還有更重要的目的：轉換支撐與造就水感。

　　提臂的動作要領是手掌與手臂全部放鬆，只是順著「轉肩」的動作把手肘提出水面，所以手肘位置最高，手掌自然下垂。

　　何時提臂？這是提臂技巧中最關鍵的問題，也就是時機的掌握要剛剛好。用傳統的動作來說，提臂的起點在推水結束後，但「如何定義推水結束？」大部分的教練會認為要把手推到底，也就是手肘伸直，大拇指擦過大腿外側之後算完成推水動作。但太過刻意把手掌推到大腿外側會使提臂延遲、體重轉移太慢，造成游速停頓；若太早提臂，身體還沒完全向前失衡落下就收手，該次划手的效益也會大打折扣。因此，掌握提臂的時機是提高划手技術的關鍵（圖 2·39）。

　　我們已經知道支撐手不能主動向後推，必須讓手掌被動地通過軀幹。所以「支撐何時結束？又該何時開始提臂？」這兩個問題的答案不是什麼位置，而是什麼感覺。泳者必須專注感覺手掌上的壓力，**當感覺到手掌上的壓力忽然消失的瞬間**就要開始提臂（圖

【圖 2·39】左手掌還沒出水，轉肩和提肘就已經開始。

肩膀　手肘

支撐體重

手掌

【圖 2·40】左手開始提臂時，也是右手撐水的起點。

2·40）。此時手臂盡量放鬆，只花力氣在向上與向前抬起肩膀，轉肩上抬的過程中，肩膀會很靠近臉頰與耳朵（肩關節活動度足夠的泳者在沒換氣的情況下肩膀會輕擦過耳朵）。

　　準備提臂瞬間的姿勢也正是 Pose Method 所定義的「關鍵泳姿」（圖 2·41），這個姿勢是身體處於平衡且最容易把體重轉移到前伸臂的姿勢。

提臂前移的過程中，肩膀會很靠近耳朵

【圖 2·41】推水結束準備提臂時，身體的姿勢是自由式的「關鍵泳姿」。

放鬆跟用力一樣重要

　　當身體的重心通過支撐手之後划水就結束了，此時手肘應直接放鬆，進入提臂階段，只用肩膀與手肘把放鬆的大臂、小臂、手腕與手掌提起，這正是划手階段中重要的休息時刻。

　　一流的游泳選手，除了具有優越的體能與熟練的技術，還有一項能力是許多人忽視的：精準掌握放鬆的時機。愈懂得放鬆的人，在水中消耗的能量愈少，游起來自然會更加輕鬆。通常你在泳池中看到那些游得優雅的人，就是懂得放鬆的人。對自由式來說，划手的放鬆時機是在提臂與手臂入水前伸時。然而，放鬆並不容易，也無法透過意識來執行。

　　過去我在教游泳時，面對浮不起來、過度抬頭、打水與划手僵直等問題時，會一直告訴學員「放鬆！放鬆！不要緊張！」不管學員是小朋友還是成人，喊得再大聲、再多次，用處都不大，而且時常是愈喊愈緊張。後來我才知道「放鬆」並非泳者可以主動控制的，放鬆也需要刻意訓練。

無法放鬆的現象背後，是力量不足的結果。當泳者的前伸臂沒有足夠的力量撐住轉移過來的體重，大腦的自律神經系統是不敢讓非支撐的部位放鬆下來的。也就是說，必須要先有「支撐力」，非支撐的地方才敢放鬆！這也是本書第三章特別強調力量訓練的原因，沒有力量，放鬆、流暢與優雅的技巧動作是表現不出來的。

　　許多人在提臂階段身體會下沉，入水之後又浮起，看起來特別費力。上下起伏的身體會形成額外的阻水，因而損失不少的寶貴能量。這個現象很容易觀察，只要你看到頭部在水中忽高忽低，就代表存在這個問題。原因有可能是支撐手沒力，撐不住轉移過來的體重，這跟力量有關，必須花時間訓練。但「換氣時間與提臂時間過長」的問題，若是因為泳者不自覺地憋氣所造成的，倒是可以立即改善。許多初學者在水中沒有吐氣，提臂轉頭換氣時就需要先吐氣再吸氣，延長了轉頭呼吸與手臂停留在水面上的時間。改善方式很簡單，只要練習水中吐氣，就可以減少提臂時間，也可以改善身體上下起伏的問題。

　　還有些人的手臂之所以在水面上停留過長，不是因為換氣，而是「直臂」或「甩臂」入水，這會使手掌離開身體的距離太遠，造成移臂的路徑過長。前者是掌高於肘，以直臂的方式向天際畫過一個半圓（圖2‧43）；另一種情況雖然是屈臂，但手掌在前移的過程中卻甩到離肩膀太遠的外側，像是蝶式在水面上畫了一個半圓（圖2‧44）。這兩種情形都會拉長提臂的時間。

　　最理想的提臂路徑是：手指尖沿著肋骨側，靠近腋下、肩膀，最後在額前入水。手掌離軀幹愈近愈好。你熱身時，每次提臂都用手指觸碰一下肩膀，會發現要做到這個動作，轉肩的幅度就要更大。在熱身時做這項練習，有助於提高轉肩的幅度。轉肩加大後，水中的肩膀也會更容易靠近下巴。因此縮短提臂時手掌經過的路徑，不但可以減少身體上下起伏的情況，還可以強化轉肩的能力。就像前面一再強調的：轉肩的能力愈好，前進時的水阻也愈小。（但前提是軀幹與臀部的穩定度要夠，不會跟著大幅轉動。這跟活動度與維持姿勢的力量有關，第三章會詳細說明。）

【圖 2.42】屈臂入水。　　　　【圖 2.43】直臂入水。　　　　【圖 2.44】甩臂入水。

┃入水是身體失重加速的時刻，加速度的來源是重力┃

　　雖然入水前要維持好手形，才能使掌面斜切入水，但我們必須知道由上而下的「入水」動作，是重力的工作，我們並不用花力氣把手掌插入水中。當手肘來到最高點開始落下時，就由重力接手，此時水面上的手掌、手臂與肩膀會一起向前落下，這是一個失衡的動作，身體其實是在重力的作用下繞著水中的支撐手向前轉動。在這個階段，常見的錯誤是「主動入水」，也就是自己花力氣去把手往前伸或是手掌用力加速插入水中，這都會縮減身體繞著支撐手向前轉動的速度。

　　入水跟提臂一樣，放鬆是關鍵，不同的是肩膀在入水時也要放鬆，讓它們都隨著重力一起入水。手肘與肩膀從高點到入水的過程中，你所要做的是「無為」（不做多餘的動作／不主動用力），只要維持姿勢就好。

入水後，手臂要懂得等待與被動延伸

　　手臂入水開始延伸時，正是重心通過另一隻手，身體加速向前的關鍵時刻，此時阻水橫斷面積愈小，加速的效果愈顯著，而減少水阻的關鍵是，手不要下沉、不要向外打開、也不要急著划水。因為此時主要的支撐點在另一隻手上，如果前伸臂

太早划水，體重會提早從主要的支撐臂上移走，加速度就會被削弱。

　　我以前在教學時會特意強調：手掌入水後必須向前延伸並把肩膀貼近下巴，以減少水阻。我會這樣教是因為所有的菁英選手都這樣做（圖 2·45），但後來我才發現，手臂入水後開始延伸與肩膀貼近下巴，並非頂尖選手們刻意執行的動作，而是被動發生的結果。我們已經知道入水的動作是重力造成的，重力不只是讓手掌、手臂落下，也同時使肩膀、臀部一起向前落下，所以入水後同一側的身體會一起向下，這正是前伸臂的肩膀會貼近下巴的原因，而不應主動用力壓肩。

【圖 2·45】優秀選手的肩膀活動度很好，所以在划手的過程中，當支撐手被留到身後，前方的手臂也會跟著往前伸。

　　手臂延伸是因為重心快速通過支撐手時（傳統定義的推水動作）軀幹被一起帶著向前，支撐手與同側的肩膀會被留在身體後方，雙肩互動，前伸臂的肩膀相應地向前。看起來是手臂往前伸的動作，其實是被動發生的。換句話說，如果後肩的活動度太差，沒有被帶到身後，也無法向上轉動，手掌入水後就不會有自然向前延伸與貼近下巴的動作。

　　過去當我要求學員入水後主動執行延伸與壓肩的動作，反而會削弱另一隻手臂的力道。記得嗎？力量來自體重。如果主動壓肩，體重會提早從另一隻手上移開；主動延伸則會破壞掉整體在兩個支撐上轉換的節奏，當重心還沒通過支撐手就把肩膀向前伸，後肩會同步向後，結果就是破壞掉支撐的穩定性（因為支撐點動了），支撐不穩，身體向前的加速度就會變差。

　　簡單來說：前伸臂要做的事是「無為」，什麼都不做，只維持穩定不動，要有耐心，等待另一側的體重轉移過來。

　　入水延伸和肩膀貼近下巴的動作雖然都是被動的，但都能減少水阻，原因是延伸的手臂除能加長身體線，還能減少前進時產生的水波阻力，使加速的效益達到最

高。肩膀貼近下巴的姿勢也很重要，因為這個姿勢除了能減少橫斷面積所形成的水阻，更為接下來的撐水（傳統的抓水動作）做準備。

屈臂划水與 S 型划手也都是被動動作

一九七二年慕尼黑奧運會中馬克・史畢茲（Mark Spitz）一舉奪得七面金牌[3]。當他的教練詹姆斯・康西爾曼（James Counsilman）請史畢茲描述自由式的划手動作時，他說自己的划手路徑是取直線路徑[4]。但是當攝影機由水底往上拍攝時，他的划手軌跡並非直線，而是呈「S 型」。

為什麼會這樣呢？因為他並沒有主動划「S 型」。S 型的划手軌跡與入水、延伸、抓水、抱水、推水的動作一樣，只是被動現象，並非泳者主動執行的動作。

前面提過，菁英選手的手掌在入水形成支撐點後是不動的，動的是「非支撐點」的部位，具體來說，唯一的主動動作是「轉肩」與「提臂」向上與向前的動作，接著水面上的肩膀和手臂一起向前落下入水。史畢茲在水中的支持手其實沒有主動做動作，手掌「向後」或「S 型」的軌跡，都只是因應身體轉動與向前移動所形成的被動動作而已。只要你稍微想像一下就能明白我在說什麼：當右手剛出水時，右肩轉動，左手從身體外側被帶動靠近中線；接著右肩從最高的位置向前落下，左肩同時從低位向上轉動，在這個過程中，左手掌是「被動地」從靠近身體中線的位置移到大腿的外側。這種只是「相對」於身體的位置看似依 S 型划動，但其實以「絕對」位置來講，手掌幾近於不動。

史畢茲壓根子沒想到「S 型划水」或「屈臂」的動作，在他的意識裡面：只是想要往前游而已，所以手掌入水後必須「快速」找到移動的支撐點。支撐體重與轉肩提臂的動作是同時發生的，轉肩的其中一個目的是為了把體重轉移到支撐手上，但如果以直臂姿勢支撐轉移過來的體重，就會像跑者把腳往前跨所產生的剎車效應一樣，使重量無法順利向前轉移。所以有天分的泳者不用人家教，本能都會屈臂的

原因，跟跑者支撐腳的膝蓋要保持微彎的道理一樣，因為屈臂／屈膝的姿勢比較能快速地把體重向前轉移。

　　如果泳者主動屈臂抱水，或刻意划 S 型軌跡，反而會支撐不穩，失去了前進的效率。

抓水／撐水的時機

　　傳統定義抓水動作是手臂從休息放鬆的狀態轉移到用力撐水的起點，所以它相當微妙，關鍵是不能急，要懂得等待，等到另一隻手上的體重失去後才開始進行。你必須先讓前伸臂的姿勢維持住，接著把注意力放在後側剛完成推水的手臂上，當推水臂上的壓力消失且轉肩提臂後，你才會感覺到前伸臂上的壓力，此時正是抓水的起點。這是轉換支撐的關鍵時刻（圖 2·46）。

　　雖然前面特別強調手臂入水後延伸和等待的重要性，但如果「過度」延伸，反而會有負面效果。正確的抓水／撐水時機，應該在推水結束後透過轉肩與提臂，體重轉移到前伸臂上時。

【圖 2·46】傳統定義的抓水起點即是關鍵泳姿的起點，準備把體重轉移到前伸手上。

　　很多人在手掌入水後會太過刻意向前延伸而錯過抓水的時機：在手掌出水後，前伸臂還在繼續往前伸，刻意不向下壓水。原因是他們誤解了推進力的來源在於抓到更遠或更多的水，所以為了想加長划距而過度延伸手臂。前面我們提過，手臂向

前延伸是後側手掌被留在身後的被動結果，如果主動向前延伸，力臂會加長，錯過時機後又主動向下壓水會形成像跑步主動跨步的剎車效應。

　　如果你一直把手臂往前延伸，甚至另一側的體重已經轉移過來，而你還不放鬆讓前伸臂自然往下壓，不只划水的力道會出不來，划手的前進效益也會無法連貫，造成「過度滑行」（over gliding）而減速。游進時因為水阻很大，所以滑行也代表減速。如果在比賽中過度滑行，會使你每下划手都必須重新加速，十分浪費體力。你必須把重點放在抓水的效率與時機上，而非刻意追求長划距與低划頻。

　　刻意延伸手臂相當費力，而且會造成許多問題，像是緊繃、無法放鬆、支撐點不穩、身體下沉、划手的力量無法轉化為游速等。因為當體重轉移過來時，為了不使手臂下沉，你的背部、肩膀和手臂都必須出力，導致身體下沉。而且手掌沒有支撐轉移過來的體重，會使支撐手無法形成穩定支撐，前進的速度就會出不來。

運動與轉動

　　「運動」這一個詞裡包含了移動的兩個基本元素，分別是重力與轉動。
- 運，轉也。（出自《廣雅》）
- 動＝重＋力

　　移動，是重力作用下使身體繞著支撐點轉動所造成的現象（簡稱：重力力矩）。透過重力力矩帶來一次又一次的微小轉動，形成了所有移動所需的加速度，而減速也是由反方向的轉動力矩所造成的（如圖 2·47）。

　　力矩＝力（體重）× 力臂
　　重力力矩 = 體重 × 力臂

減速階段：體重在支撐點之後

【圖2·47】抓水過程中，因為身體出水部位的主要體重在支撐點之後，所以是減速階段。

準備開始加速

【圖2·48】當水面上身體部位的重心來到支撐手的正上方時，也正是準備開始加速的起點。

上面兩張圖是划手過程中傳統定義的「抓水」過程，此時因為身體出水部位的主要體重在支撐點之後，所以是減速階段。直到圖2·48，水面上身體部位的重心來到支撐手的正上方時，也正是準備開始向前落下加速的起點。

圖2·49與圖2·50是划手過程中傳統定義的「抱水」階段，此時出水部位的體重重心在支撐手之前，所以是在加速階段。在這段過程中，支撐手來到最低點，此時是力臂最長的時刻，身體前進的速度來到第一次高峰。

轉動的要點在於一定要有一方不動，形成支（撐）點，才能使另一方前進（手掌不動身體動）。在游泳時，盡量保持不動的支撐點正是手掌。

在傳統定義的抓水和抱水

加速初期

加速是身體繞著支撐手向前失衡落下的過程

【圖2·49】轉動力矩來到第一高峰的位置。

階段，同側的肩膀與臀部都要「穩住」，不能在此時向上轉動，水感才能延續，加速度才出得來（也就是圖 2·47 →圖 2·50 這四張圖中的左肩和左臀要盡量保持穩定，水面上的身體向前落下時才能有效轉換成前進的加速度）。當體重剛轉移到前伸臂的手掌上時，雖然支撐點上的力量（體重）還很小，但「力臂」從提臂到入水前是逐漸加長的過程，所以很難保持穩定和平衡。從這四張圖我們也可以了解到當泳者提臂提得愈高，力臂會加長，同時支點上所承受的體重也變大，泳者必須有足夠的力量才能在入水時（落下階段）維持姿勢。維持姿勢的能力跟力量有關，這也是第三章會特別提出的訓練重點。

【圖 2·50】身體加速，其實是重心繞著支撐手向前加速轉動的過程，而非泳者主動抱水加速的動作。此時支撐臂的手掌來到最低點，力臂較長，重力力矩所帶來的加速也達到第一峰值。

【圖 2·51】第二次向前落下加速起點，支撐手的手掌通過重心的正下方，此時速度持平，但當重心通過支撐手後會進入第二次加速期。

圖 2·51 是划手過程中第二次加速的過程，此時雖然力臂沒有第一次長，但支撐手接近身體重心的位置（肚臍附近），所以手掌上支撐的重量較大，當重心向前偏離支撐點時，身體產生了較大的轉動力矩，此時的加速度會比第一次更大。這也是傳統定義的「推水」階段，但透過上面重力力矩的解釋，你應該已經了解：**身體加速，其實是重心繞著支撐手向前加速轉動的過程，而非傳統認為泳者向後主動推水造成的**（圖 2·52）。

【圖 2·52】第二次向前落下加速終點，支撐手手掌上的體重失去，無法再加速。

這並不代表力量不重要，而是要重新認識力量和推進力之間的關係。比較傳統定義的「抓水」與「抱水」階段，雖然抓水時支撐手上的力量（體重）較小，但「力臂」較長，所以對軀幹穩定力量的需求也跟著大增（圖 2·53）。

　　手掌的支撐點更靠近重心時，「力臂」雖然逐漸縮短，核心的壓力減小，但轉移到支撐手上的體重比例變大（圖 2·54），很多泳者在抱水之後沒有速度正因為力量不足以支撐體重，所以手掌會下意識地向外轉卸掉體重。

【圖 2·53】類似抓水階段，支撐手上的重量較小，但力臂較長，對核心力量的需求較大。

【圖 2·54】類似抱水階段，支撐手較接近重心，所以支撐手上承擔的重量較大，但對核心力量的需求較小。

5. 划頻 VS. 划距

何謂划距？照字面上的意思，常會把划距當成每一次划水時手掌在水中划動的距離。如果你也同意的話，就一定會認為長划距就是手臂入水後要盡量向前延伸，而且划手時盡量把手掌推到底。但手掌划動的距離愈長，不代表前進的距離愈遠。很多人因為誤會划距的意義而主動加大手掌在水中移動的距離，反而使划手的效率變差。

《輕鬆有效的魚式游泳》的作者泰瑞‧羅克林（Terry Laughlin），對「划距」下了一個比較精準的定義：划距是一次完整的划手循環中，身體所前進的距離[5]。

在這個定義下，我們可以把「游泳前進的速度」當作「划頻」與「划距」的乘積。所謂的划頻是指「每分鐘的總划手次數」，所以「划頻 × 划距」可以代表每分鐘前進的距離。

划距並非愈長愈好

讓我們再深入思考：划距愈長愈好嗎？

因為划距只考慮到身體移動的距離，而沒考慮到移動的狀態 —— 也就是速度的變化。如果只是一味強調划距，身體在前進的過程中就會造成「滑行」，反而失去效率。為什麼呢？試想想：在完全水平的道路上騎自行車，當你持續加速到車速40km 時就停止踩踏，讓車子自由滑行會發生什麼事？此時你和自行車會因為風阻

和摩擦力的關係開始「減速」。要再加速就必須花上額外的能量。「滑行」和「減速」是同時並進的。

設想下面兩種自行車的騎乘方式，哪一種比較有效率？

1. 在車速降到 30km/hr 時開始踩踏，當車速回復到 40km/hr 之後又開始滑行，如此踩踏／滑行反覆進行（假設平均時速為 35km/hr）。
2. 連貫地踩踏，維持等速 35km/hr 前進。

經實驗證明，第一種方式因為滑行後需要不斷進行加速，所以耗能較多，第二種方式較為節省體力。

「滑行」在游泳的世界裡不是個好字眼！

滑行的另一面意思就是等待，等待另一隻手開始划水的期間速度就會開始下降。等待也代表交替的停頓，因為等待的同時，你會失去划手的節奏感與流暢度。

長划距的確有其優點，但你不能只顧到它而犧牲划手的節奏感與流暢度。只要划手的過程中有停頓的死點存在，就會失去效率。完美划手應該非常流暢，雙手交替幾乎沒有停頓感，讓身體以穩定的速度平滑地前進，每一次划手都只是在維持速度，而不必重新加速，所以水會感覺比較「輕」。這正是為什麼厲害的選手看起來划得很輕鬆。

當你滑行得愈長，所造成的停頓也相對愈嚴重。過度滑行會破壞你划手的節奏。我們再回到自行車的例子：想像騎自行車時每踩一下踏板就開始滑行會怎樣？答案是失去流暢與節奏感。不管游泳或騎腳踏車，滑行時必然會減速（水中阻力較大，減速更嚴重），而且在滑行到下一次划手的過程中，你必須重新加速，反而更費力。

你有過這樣的經驗嗎？在加長划距時，感覺每一下推水都很重，好像需要更多

力氣才能維持長划距的游法？那是因為每一下划手都必須「重新加速」你的身體！每次划手間不想再減速，就得避免「過度滑行」，你才會划得更輕鬆。

　　優秀的游泳選手在水中快速前進時似乎總是流暢且充滿力量。如果有機會見識到他們在水中的划手動作，會發現他們在划手過程中不會搖晃、沒有停頓、不突然猛力推水，也沒有不流暢的死點產生──時機掌握與節奏都接近完美，從第一次划手到下一次之間幾乎沒有接縫。

　　在二十世紀末，不管是哪個年齡層的游泳選手或鐵人選手，都傾向長划距的游法──愈長愈好。當時的趨勢理論認為，划得愈長愈有效率。但當今的游泳選手已經了解，對自由式來說，高效率並不只限於長划距這一項因素，不但如此，過長的划距因為會產生停頓的死點以及滑行時造成的減速，反而會減低划手的效率。划手的流暢度與節奏感才是效率的關鍵。

划頻：到底該划多快才對

　　知道自己的划頻很有用，你可以藉此了解自己的划手節奏和時機。過低的划頻代表手臂移動太慢，使你在划手過程中出現太多停頓點，身體無法流暢地前進。划頻太快則代表你的划手沒有效率，很容易造成「划得快但卻前進不快」的情況。

身材愈高，手臂愈長，划頻愈慢

　　知名游泳選手索普（Ian Thorpe）[6]在比賽時的划頻為：75次／分，所以我們可以此為標準嗎？索普的身高有196公分，兩臂張開長達198公分，手掌是一般亞洲男士的1.5倍大。因為他身材的優勢，所以划距會比一般人長，在相同的速度下，划頻自然也會比一般人低。也就是說，在不同的身材條件下，有著相應適合的划頻。

首先你必須先知道自己的划手頻率。如果你沒有自動計算划頻的手錶，可試著先以舒服的速度前進，計算划十下手所花的時間，假若花了 X 秒，你的划頻就是：

$$10 \times (60 \div X)$$

過慢划頻的泳者常常會陷入長划距的迷思，建議你先找出划距與划頻之間的平衡點。過慢或過快的划頻都會失去效能，你必須找到適合自己每一種游速的有效划頻。

划距是指每一次划水過程中身體前進的距離。在你增加划頻的過程中，划距也要保持一定，才是真正的進步。如果因為增加划頻而划距變短，就只是空划，失去原本的水感，反而得不償失，浪費多餘的力氣。

我究竟適合高划頻還是低划頻呢？通常身材愈高大的人，手臂愈長，划水時因為力臂比較長，所以划頻比身材矮小的人慢。總之，不管速度、手臂長度為何，最佳的划手頻率就是盡量維持穩定的速度前進。如果你發現有一再滑行又重新加速的情況發生，可能就要加快划頻。

▌女子 1500 公尺世界冠軍 ▌

二〇一一年世界錦標賽 1500 公尺的女子冠軍[7]，是來自丹麥的選手洛蒂・佛里斯（Lotte Friis），她的划手方式完全不同於男子冠軍孫楊，頻率相當快，而且以直臂的方式提臂。這兩位自由式冠軍選手的游法截然不同，卻同樣把自由式的特色發揮到淋漓盡致。從下表可以看出兩人在划手次數上的明顯差別：

	孫楊	洛蒂
平均每 50 公尺划手次數	29	45
平均每分鐘划手次數	61	85
1500 公尺的總划手次數	884	1361

從上表可知，孫楊游 1500 公尺所用的划手次數，洛蒂只能游 1000 公尺（光是 1500 公尺兩人的划手次數就相差了 477 下之多）。另外，從比賽一開始，洛蒂雖然立即取得領先，但她的分段時間卻隨著比賽進行，離世界紀錄的秒數也逐漸拉大（比賽進行到一半 750 公尺時，她離世界紀錄只差 0 秒 84；但最後破紀錄的孫楊卻還有接近 3 秒的差距），從這裡也可以讓我們了解為何孫楊到比賽後半段還能逐漸拉近與世界紀錄的距離，到最後甚至還有足夠的耐力一鼓作氣衝破世界紀錄，但洛蒂卻與世界紀錄漸游漸遠。因為孫楊低划頻的游法比較節省能量，所以到後段還可以愈游愈快。

洛蒂在 2011 年 1500 公尺世錦賽的成績分析表

剩餘距離	累計時間	分段時間	離世界紀錄的秒數
500m	10 分 31 秒 51		3 秒 15
400m	11 分 35 秒 30	1 分 3 秒 89	3 秒 60
300m	12 分 38 秒 95	1 分 3 秒 65	3 秒 78
200m	13 分 43 秒 11	1 分 4 秒 16	4 秒 57
100m	14 分 46 秒 95	1 分 3 秒 84	5 秒 10
終點	15 分 49 秒 59	1 分 2 秒 64	7 秒 05

當時的女子世界紀錄由凱特・齊格勒（Kate Ziegler）於 2007 年 6 月 17 日所創下，成績為：15 分 42 秒 54

游泳效率指標：SWOLF 與划手次數

　　過去我們在練游泳的時候，教練經常要求我們計算單趟 50 公尺的划手次數，並設法降低。感覺起來好像划手次數愈少，技術愈好，但慢游時向前漂很久也可以划很少下啊。有些人每划一次就漂很久，原本 50 公尺要划 30 下，但故意延長漂浮時間只划 28 下，但並不代表效率變好。

　　國外發明了一項名為「Swim-GOLF」（簡稱 SWOLF）的技術指標。顧名思義，它如同高爾夫的桿數一樣，數值愈低愈好。這個數值用在游泳上，就是在一個固定

距離中划手次數加上秒數。

SWOLF ＝單趟划手次數＋單趟秒數

高爾夫球有所謂的平標準桿 72 桿，SWOLF 的標準則是 60（例如 50 公尺游 40 秒，單手划 20 次）。

歷史上最優秀的游泳選手為奧運名將波波夫，他在奧運 100 公尺的決賽中，平均 50 公尺只用 24 秒，而且每游 50 公尺單手的划水次數只有 16 下，也就是 SWOLF 只有 40，這可以說是 SWOLF 的極致了。

但這個數值跟身高有很大的關係，身高兩米的游泳選手因為手臂相對較長，SWOLF 很容易達到 60，但身高矮小或手臂較短的人就比較難了。所以 SWOLF 這個值最好是跟自己或身高與自己相近的人比較，較為適當。

過去這個數值都要自己加總，但是現在許多品牌的三鐵表已可以自動幫忙算好每一趟的 SWOLF，所以現在透過這個數值就可以知道技術到底有沒有進步、水感有沒有變好，也代表你有沒有把更多的體重放在支撐手上。

本書技術動作示範選手—張芳語在拍攝動作當天，我先請她戴上游泳表記錄數據，用當時自覺舒服的感覺慢游 200 公尺，再游四趟 50 公尺，而且要一趟比一趟快。第一趟 50 公尺游 46 秒，單手划 18 下，兩個數值加起來是 64，所以她此趟的 SWOLF 即是 64，在大部分的情況下，只要這個數值降低就代表整體的游泳效率變好了。SWOLF 下降有可能是划手次數或是秒數變少。

以張芳語的此次數據為例，如果 50 公尺一

【圖 2-55】50 公尺游 46.19 秒的數據。
每趟單手划手數：18 次 /50m
每分鐘划手次數：23 spm
SWOLF：64

樣游 46 秒，划手數減少到 15 下，SWOLF 變成 61，在大部分的情況下，SWOLF 降 3 的確可以代表划手技術變好沒錯，但有一個例外。如果泳者改變打水的頻率，從二打法改成六打水，SWOLF 當然會下降，可是加快打水節奏時會消耗更多能量，所以在加快打水節奏的情況下，SWOLF 降低並無法直接代表划手效率的提升。

也就是說，SWOLF 必須在同樣打水節奏下來比較才有意義。

【圖 2·56】50 公尺游 34.81 秒的數據。
每趟單手划手數：18 次 /50m
每分鐘划手次數：31 spm
SWOLF：53

我們拿張芳語的另外一筆數據來比較，可以看到她的 50 公尺時間從 46.19 秒加快到 34.81 秒時（這兩趟都是四打法），雖然划頻從 23spm 加快到 31spm，但划手數都是 18 下（因為她的手表帶在左手，所以記錄的是左手單手的划手次數），每次的划距都約為 1.15 公尺，這是技術優秀的指標，代表的意義是：加快划頻時效率不變。因為很多人加快划頻時，每一下划手前進的距離（划距）會變短。

同樣也看到張芳語的 SWOLF 從 64 降到 53（圖 2·55 → 圖 2·56），而且這兩趟都是用四打法，這可以代表她能自由控制每次划手的效率，用支撐理論來解釋是：她在加快划頻時，只是加快提臂的頻率，前伸手仍沒有主動向後划，加快移動的是身體，而非水中的手掌。

划手推進技術總結：菁英選手的手掌沒向後划，反而向前移動

前面我們已經提過技術最優秀選手的手掌出水點會在入水點之前，也就是說他們的手掌沒有主動向後划。這一個現象，不少教練和游泳科學家都已經發現，只是

尚未跟支撐理論連結在一起。下面用《游得最快》[8] 這本書裡的一張圖來說明這個現象跟支撐理論之間的關係。

- A→B：傳統定義的「抓水」動作是推進準備階段，此時無推進力。在A點之前，身體的體重主要由浮力支撐，接著左手開始提臂出水，A點之後的體重逐漸從「浮力支撐」轉向右手這個「移動支撐」上，A→B是右手支撐體重逐漸增加的過程，這個過程正是推進加速的準備階段。
- B→C→D：傳統定義的「抱水」動作，前交叉的游法在B→C會先加速，C→D會略微減速；後交叉的游法則會在B→D的過程中持續加速。因為前交叉時另一隻手入水當下，划手臂還在額頭前方，這也是離重心相對較遠的位置，所以當騰空手一入水就會略微減速（C→D）。後交叉的游法在騰空手入水時，划手臂的手掌已經來到胸口附近，離身體重心很近了，所以抱水的加速度會持續連接到下一段推水加速的過程，減速階段幾乎沒有。但後交叉的游法對技術與力量的需求很高。此外，當手掌來到C點時，手掌會向內旋，也就是大家所熟知「S型划手」的後半段。這個S型的軌跡並非主動划出來的，而是因為非支撐手入水與轉肩動作所造成的。
- D→E：傳統定義的「推水」動作是最大加速階段。D點時因為入水帶動右肩上轉，右手也順勢略微向上，接著因為身體重心通過支撐手產生失重，所以手掌會有更大幅度的向上動作，這是因為失重造成的，而非刻意上拉。
- E點的姿勢是轉換支撐的關鍵，此時一感受到手上的壓力消失就要提臂，使體重轉移到前伸手上（也就是另一隻手的A點）。

出水點會在入水點之前，並非泳者做了什麼，而是因為身體加速時帶動手掌一起往前移動的結果，它也是本章推進理論所追求的最終目標。要達到這個目標，必須要有足夠的支撐力與核心力量。但反過來說，有足夠的力量還不一定能達到。因

為有力量如果沒有技巧，只是胡亂用力，速度當然游不出來，所以關鍵在於**要把「不主動向後划」的概念落實在每一次的體能、技術與力量訓練當中。**

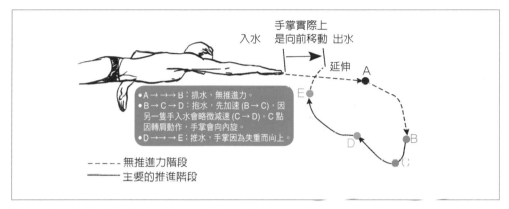

手掌實際上
入水　　是向前移動　出水

延伸

A

E

●A →→→B：抓水，無推進力。
●B→C→D：抱水，先加速 (B→C)，因另一隻手入水會略微減速 (C→D)。C 點因轉肩動作，手掌會向內旋。
●D→→→E：推水，手掌因為失重而向上。

D

B

C

- - - - - 無推進力階段
───── 主要的推進階段

【圖 2.57】菁英選手的手掌沒向後划，反而向前移動。

6. 自由式打水的目的為何？

我們沒有魚尾巴，上下擺動踢水不符經濟效益

雖然世界上有各式各樣的魚，但魚尾有幾個共通的特性：尾鰭面積大而且由多關節組成，所以特別柔軟，能夠像鞭子般甩動。鞭子的優點是，只需手輕揮，傳到鞭尾力道將加劇。但人的下肢主要由踝、膝、髖三個關節構成，所以無法像魚尾一樣形成流暢的鞭狀擺動，而且人的腳掌面積很小（目前許多世界游泳紀錄保持人都有異於常人的大腳掌），而且雙腿間有空隙。由於這幾個原因，所以雙腳上下擺動打水前進非常不符合經濟效益，也就是說，花相同的力氣卻無法獲得和魚兒一樣的推進效果。

自由式打水的目的常被人誤解是為了推進。經過分析，世界級頂尖的競賽型游泳選手，在自由式推進所花的體力中，打水只占其中的 10～15%（競賽距離愈短，打水的占比愈高）。世界頂尖的競技型游泳選手打水技術都已經爐火純青，才能在短距離項目中帶來 10～15% 的推進效益。所謂爐火純青的打水技術，是指手腳完美的協調性，使打水的動作能輔助划手的效率。至於怎麼輔助，會在下一頁「自由式打水的功能」中仔細說明。

過去練游泳時，有些隊友拿浮板打水時速度非常快，但當手腳合在一起游自由式時，速度反而比不上夾浮板（不打水）純划手的速度。這個道理其實很簡單，試想像一下，四輪傳動的汽車如果前輪每分鐘轉 200 圈、後輪轉 150 圈，速度會加

成嗎？不會，整體的速度反而會被後輪拖累。現代高效的四輪轉動車在面對不同路況時，必須在電腦的控制下動態調整前後輪的馬力，才能節省油耗、提升效率。厲害的泳者可以自動調整划手和打水的比例，使體力發揮最大的效率，絕不是在衝刺時手腳同時用盡全力。那會變成前述汽車前後輪獨自運作、互相牽制的負面效果，反而使打水形成拖曳前進的動作。

對於大部分的泳者而言，我建議先專注在划手的動作上，不要計較是二打法、四打法或六打法；打水的訓練也先以兩個目標為主，其一：使下半身接近水面。等減少水阻與增加推進力的划手技巧進步到一定的階段後，再慢慢把打水的能力整合進來。其二：在身體能保持水平的情況下，「盡量縮小打水幅度」。如果打水幅度還很大，上述三種打水節奏學得再好也沒用，一樣只會拖住身體前進的動力而已。

自由式打水的功能

因為由二個大關節組成的人類雙腿不夠柔軟，無法像魚尾巴似地進行鞭狀打水。所以，這是否意味著我們應該忽略自由式的打水訓練呢？並非如此。打水還是要練，只是要先理解自由式打水的功能。

從短距離衝刺來說，打水是在加速轉移體重的過程。因為當支撐手在重心前方時，我們透過轉肩提臂向前入水雖然也可以把重心轉移過去，但也需要後面的體重跟上，盡快轉移到支撐點的前面才能使體重快一點向前落下。那個畫面就好像身體在水面上有兩節的火車，前方的支撐點尚未形成之時，下半身要盡快跟上，把體重轉移到支撐手之前；接著，當身體向前落下之後，下半身的體重雖然有水撐著，但也必須快點跟上去，要不然會拖到向前落下的加速度。也就是說，自由式的打水動作是在配合與協助上半身轉換支撐的過程，提升划手的效率，好比四輪傳動車以前輪為主要加速時，後輪只是適時輔助。

自由式打水除了讓體重跟上手臂與軀幹向前落下的速度之外，還有下列三種輔

助功能：

1. 平衡轉肩與提臂的動作。
2. 減少阻力，維持流體力學上的效益。
3. 作為浮力的貢獻者。

平衡轉肩的動作

在轉換體重的時候，下半身必須是平衡的，不能扭動，因為下半身一扭動，支撐手上的體重就會被削弱。就好像跑步的時候肩膀不能左右晃動一樣。因此前進的動能也必須建立在身體足夠平衡的基礎上。所以，游自由式時即使雙腿本身不需特別提供推進力，我們還是要花力氣控制雙腳的動作以維持全身的平衡，才能使體重在兩側臀部間流暢地轉移。

經典的「二打法」似乎最能說明打水的平衡功能，從外人來看，二打法的泳者好像是手划一次、腳踢一次，而且看起來推水時同側的腳也在用力向下打水。但這只是看起來。事實上，雙腳只是跟著臀部輕微的旋轉。前面我們已經說過，轉肩與轉臀都是為了把體重壓在移動支撐上，為了維持身體的平衡，雙腳就必須輪流做反方向的擺動，就像跑步時擺臂的功能一樣。因此雙腿的任務不是主動打水，它們只要小心地控制擺動的範圍就好，擺動範圍要小才能加快體重轉移。

維持低水阻的「流線型」姿勢

第一個目的是維持低水阻的「流線型」姿勢，它跟平衡一樣重要，而且兩者間的關係密切。泳者的阻水面積愈小，就愈能夠有效提升速度。在水中，若泳者打水太深或太用力，等於是在身後挖一個大洞來拖住身體前進。單從這個理由來看，我

們就應該盡量縮小打水的幅度。當你打水得愈深愈用力,就浪費愈多的能量,也會增加你快速穿過水中的難度。所以,你要一直注意把雙腳維持在一個非常小的「圈圈」裡。而且,腳背要打直,腳尖始終指向身體後方。身後任何物體都會增加你前進的阻力,也就是說身體末端的姿勢與移動範圍將影響你的最大游速。當雨水從天而降時,前端是圓形的,但末端呈細尖狀,你的腳掌也應該一樣,這是一個既簡單又明白的道理。如果你沒有控制好下半身,腳尖朝下或雙腳打水的圈圈太大,雙腳就會拖到前進的速度。

你可以想像在水中鑽過一個洞,身體愈接近水平,可鑽過的洞也愈小。但是,當身後的雙腿打水愈深或愈用力,你就等於是在身後挖出一個水中的大洞。良好的身體姿勢是腳板打直,如同「頭圓尾尖的雨滴形狀」(圖2.58)。如果腳尖朝向水底或打水幅度太大,後方的尖端阻水面積就會擴大,因而形成較大的拖曳阻力(圖2.59)。

【圖 2.58】正確:頭圓尾尖的雨滴形狀。

【圖 2.59】錯誤:頭尖尾圓的高水阻形狀。

從這個打水的功能再細化下去,說具體一點:自由式打水目的是讓在加速時下半身還能不下沉、保持在水面附近。我們已經知道,自由式在加速時,提臂的速度會變快、幅度會變大,如此前伸臂的手掌上才能運用更多的體重來加速。反之,如果手臂都沒提出水面,前伸手上的水感會很差。當提臂加快、幅度加大時,上半身會有更多比例浮出水面,因此下半身會更傾向於下沉,此時泳者必須加快打水,以

避免身體姿勢偏離流線型的低水阻姿勢。很多人一加大提臂幅度，腳就會沉下去，下半身一沉支撐手上的體重就空了，划手的推進力也跟著下降。

簡言之，下半身必須靠近水面，體重才會在手掌上。這是關鍵，因為支撐手上有體重才有辦法加速。不少人以為泳者加速時用力打水是在增加推進力，其實主要目的是「維持低水阻的姿勢」，讓划手的力道發揮最大的效益。

腿部是浮力的貢獻者

雙腿是軀幹與臀部的延伸，所以最後一項功能跟軀幹一樣是浮力的貢獻者。有好的浮力支撐，體重才能有效轉移到（前伸臂的）移動支撐上，所以雙腿保持在水面上就非常重要。用具體的畫面來解釋，當雙腳高於水中前伸手的位置時，體重才能夠傳輸到手掌與前臂，「水感的實在度」也能因此提升（圖 2·60）。也就是說，愈高比例的體重壓在手臂上，手掌中水感的實在比例也能跟著增加。

【圖 2·60】好的身體位置，才能把體重轉移到手掌上，使手掌成為穩定的移動支撐。

【圖 2·61】下肢太沉時，手掌上沒有體重，此時划手只能把水往後划，不利於身體前進。

沉到水中的雙腿不只會增加水阻，還會在划手的關鍵驅動期把手上的重量搶走（圖 2·61）。我們已經知道，想加快游速，並非主動加快划頻或用力划水，而是增加提臂出水的幅度。但當上半身出水愈多，下半身也更容易往下沉，此時打水的能力就非常重要，如果無法

使下半身靠近水面，支撐手上所能運用的體重也會受限。

在陸地上，你可以確切的感受到手掌支撐在地面上的實在感與下肢高度的關係，如果換成水呢？道理仍相同。在水中的改變是，浮力與打水的力道撐起你的下半身，實在的地面變成不實在的水。我們如何在水中創造如同支撐在地面上的實際感受呢？答案是：把更多的體重「壓在」手掌上。此時，下半身位置的高低就成為關鍵所在（圖 2·62 與圖 2·63）。

再回到手掌撐在地面上的動作，如果此時你的雙腳在身後進行開合跳會發生什麼事？你會發現，手掌支撐

重量較大
支撐較穩＝水感較佳

【圖 2·62】支撐的重量較大，支撐較穩定，在水中可以形成較佳的水感，但相對需要較大的力量與核心穩定度。

重量較小
支撐不穩＝水感較差

【圖 2·63】支撐的重量較小，支撐較不穩，水感較差。

的力量變得不穩定。移到水中時，就等於不斷破壞手掌撐在水中的「實在感」。為什麼優秀的選手可以在高頻打水中掌握到水感呢？因為他們的核心肌群提供極佳的穩定功能，不讓打水的動作破壞手臂支撐在水上的「實在感」。舉個比較動感的例子：你可以想像肚皮舞孃快速擺動臀部，但上半身看起就像坐在教堂的椅子上般平靜安穩。優秀的游泳選手也有這樣的能力。

到此，我們可以連結划手的水感與打水之間的關係。因為上半身要夠穩定「水感」才能夠「實在」，而一開始想要有穩定的上半身，所以應該避免過度用力打水。再者，泳者應利用浮力與打水的動作讓雙腳提高位置，才能把更多的體重分配到前伸臂上，水感的「實在度」才能提高。這可說是形成水感的兩大關鍵。

▌質心位置與划手／打水之間的關係 ▌

身體就像一個蹺蹺板，上半身因為有胸腔，所以浮力本來就比下半身大，如果每次換氣時都把空氣吸進胸腔裡，下半身密度太高的人就會沉得更嚴重。打水的其中一項功能是讓下半身接近水面，使身體線盡量趨近水平，以減少水阻

這點跟前交叉與後交叉之間有明顯的關聯性。前交叉的游法，在整個連續的划手週期中，幾乎無時無刻都有其中一隻手掌保持在頭部前方，還會有一小段時期雙手都在頭前（這正是前交叉的定義），使得質心能夠一直保持在較靠近胸口的位置。

相對來說，後交叉的划手週期中，有一小段時間雙手手掌都在頭部以後，雙手也不會同時在頭前，因此後交叉的游法，質心偏向腳掌，所以下半身比較容易下沉。

這也是為什麼所有的教練都希望泳者先練習前交叉。對大部分的自由式初學者來說，打水是一個罩門；對需要長泳的鐵人三項選手或千五選手來說，打水很耗體力。而前交叉的游法，下半身比較容易接近水面。

但幾乎所有短距離菁英選手都會使用後交叉的游法（騰空手入水時，划手手掌已來到頭部以後），這是一個普遍存在的「現象」。因為短距離拚的是（加）速度，所以必須盡量加大提臂出水的幅度，才能運用更多體重向前失衡落下（向前加速）。當提臂愈高／轉肩愈快時，水中的划手臂本來就會「被動地」更快來到胸口下方。

雖然後交叉可以有更快的加速度，但下半身容易因為質心後移而下沉，若阻力增加，推進力也會被抵銷，從這個角度來看，短距離選手需要更用力打水的主要目的之一是為了保持身體蹺蹺板的水平，減少橫斷面積所造的水阻。這從支撐移動理論來看是很合理的，因為移動時若同時運用手／腳兩個支撐點來加速，速度反而會被拖累，所以短距離泳者更用力打水的主要目的，並非同時用划手與打水來加速，而是為了「阻止腿部因後交叉的泳姿而下沉」。

手掌過頭時，
質心會向上移動

【圖 2.64】雙手過頭時質心會上移，下半身也變得更容易浮起。

7. 水感的訓練方式

　　經由前一節的說明，你已經知道水感的強弱全賴能否在水中形成穩定的支撐。扎實水感的樣貌是「撐水前進」而非「划動手臂」。前面已仔細講解了多個划手的姿勢，但知道細節並不表示就可以游得比以前好，在「知」與「行」之間還有一段需要努力填補的空隙。這個空隙除了第二章要討論的力量，就是把你所具有的力量轉換成水感的知覺。

　　水感的形成是利用手掌入水後轉移身體重心的瞬間，使手掌上的壓力增加。記得，此時你的手在身體前方，手掌下的水由於瞬間壓力的增加被凝化成接近實體的「靜水」，支撐點因此而形成。

　　既然水是我們的支撐物，卻又如此柔軟無可掌握，所以我們先讓手掌習慣支撐在實體物上面，模擬游泳時支撐在靜水上的實體感受，使大腦了解體重轉移到手臂上是怎麼一回事。透過下面的練習，可以開發手掌與手臂對水感的知覺。

　　前面提過，手臂在水中的划臂過程只是讓身體前進，手掌幾乎沒移動（水平位置），所以下面練習的前半部，手掌也都是「支撐在同一定點」上。

　　以下會進行一系列強化水感的分解訓練。雖然這些訓練既辛苦又無趣，而且不像在泳池裡練完一份 3000 公尺的菜單那麼有成就感，但這些訓練絕對不是浪費時間。只有真心想進步的人，才會投入這些「不是實際向前游進」的水感訓練中。

第一階段：支撐在實體上

　　我們先支撐在實體上，使手掌、手臂與軀幹維持在划手時該有的姿勢上，讓大腦記住掌握到「靜水」的水感。下面的練習也會讓你了解划手時手臂各部位的相對位置，因為是支撐在實物上，所以手肘永遠高於手掌，如此體重才能有效地傳送到手掌上（划手時掌高於肘是自由式常見的錯誤）。

【訓練動作】支撐在階梯或固定的箱子上

　　目的解說：讓身體適應體重在手掌上，手臂、肩膀與軀幹需要維持姿勢的感覺，此時都是以技術知覺為主的訓練，不用太強調力量。所以如果你此時的肌力還不足以負荷自己的體重，建議先以膝蓋著地的方式進行。

訓練方式：

【初級】先雙手支撐在地面上，雙腳向後平伸，只用腳尖支撐，身體盡量維持水平，接著慢慢抬起單手，使手掌移動到大腿外側，接著全身定住，保持不動30秒後換手。

【圖 2·65】單手撐地，另一隻手置於大腿外側。

【進階】動作同上，只是改成向前抬起手掌，使手臂與地面平行後，定住不動30秒後換手。手臂平伸時會更接近自由式划

【圖 2·66】單手撐地，另一隻手向前平伸。

水時的支撐感。

【進階】向上抬起腳掌，使腿部與地面平行後，定住不動30秒後換腳。

【專項】手臂與腿部同時上抬至與地面平衡，定住不動30秒後換邊支撐。這一個動作更符合自由式的專項，當在水中游自由式時，左手在支撐最大比例的體重階段，左腿會同步上抬。

【圖 2·67】雙手支撐，單腳上抬平伸。

【圖 2·68】單手單腳支撐，另一隻手向前平伸，保持平衡。

　　練完上述陸地上的各項動作，你會發現「支撐」時不只手掌在用力，為了支撐住穩定的身體，整條手臂與軀幹都是這條支撐鏈的一部分──包括肩膀、大臂、手肘、小臂、手腕與其間的肌腱和韌帶以及背部與腹部肌群都必須同時作用，而手掌正是這條支撐鏈的最末端。相對於所有的動作來說，手掌是移動最小的部分。這也是為什麼最優秀的游泳選手手掌的入水點與出水點幾乎在同一水平位置上。

　　接著，我們要下水進行其他強化水感的支撐訓練。

【訓練動作】支撐在岸邊直立向上撐起身體

目的解說：在水中會有浮力，撐起時浮力會減小，手上的壓力會增加，藉此模擬體重在浮力支撐與移動支撐之間的轉換過程。而且直立時，重心到支撐點的力臂較短，對於核心力量的需求較低，相對容易執行。但不要因為簡單就略過，這是在開發支撐的知覺，撐起時要用心體會體重壓在手掌上的感覺。

訓練方式：

- 起始位置：身體保持直立，只有頭部與肩膀露出水面。兩手保持與肩同寬，支撐在岸邊。
- 動作要領：撐起時，手肘要先抬高超過手掌。剛開始練習時雙腳可以輕蹬池底，但盡量只利用上半身的力量往上撐。
- 結束位置：手掌位置保持不變，手臂完全伸直的同時身體保持直立。

【圖 2·69】預備姿勢。

【圖 2·70】盡量保持身體直立的姿勢向上撐起身體。

【訓練動作】下半身始終保持水平，支撐在岸邊向斜前方撐起身體

目的解說：目的跟前者相同，只是身體改成俯臥姿，此時重心離支撐手的力臂變長，對核心力量的要求增加，所以動作難度也會提升。這項練習只是為了開發身體在水平姿勢下支撐體重的知覺，不是在練打水能力，所以如果撐出水面時無法靠打水來維持水平的姿勢，可以在胯下夾浮板。

訓練方式：

● 起始位置：身體保持水平，雙腳輕鬆打水維持平衡，只有頭部露出水面，兩手保持與肩同寬，雙手指尖輕觸岸邊。

【圖2‧71】預備姿勢：保持打水讓下半身靠近水面。

● 動作要領：在準備撐起身體時，要先把手肘抬出水面，習慣用高肘姿勢把身體撐出水面，下半身要盡量保持與水面平行。為了使身體與水面平行，上半身需要刻意前傾。這項訓練更接近游泳時的身體位置。

【圖2‧72】撐起身體時要維持高肘。

● 結束位置：手掌保持在固定位置，身體往斜前方撐起讓手臂完全伸直。注意向上撐起軀幹時仍要維持打水，目的是使下半身不要沉入水中。

下半身始總在水面附近很重要，因為這會影響上半身的姿勢與手掌支撐體重時的知

【圖2‧73】向上撐起身體：腳掌仍要打出水花。

覺。如果泳者目前的打水能力還無法使下半身接近水面，可改以夾浮板的方式來練習，減輕腿部的負擔，專心開發水感與支撐的知覺。

【圖2·74】夾浮板時，下半身放輕鬆，讓它自然靠近水面，如果浮力不夠，可以使用比較大塊的浮板。

【圖2·75】同樣地，撐起身體時要維持高肘。

【圖2·76】向上撐起身體時，身體可以略微前傾，下半身會比較接近水面。

【訓練動作】支撐在不穩定的物體上

目的解說：改成支撐在不穩定的物體上（像是訓練夥伴的手掌、懸吊系統或水面的浮板）可以模擬水中的不穩定支撐，使你能有效發展自己在水中的支撐知覺。訓練目的與前面相同，只是調升難度，換成不穩定的支撐點，這會更接近划手時支撐於水中的感受。

訓練方式：需要略微調整的是起始動作，改成全身（包括肩膀）都沒入水中，

【圖2·77】保持打水讓下半身靠近水面。

放鬆讓身體漂浮在水面上，
而且手掌要略低於肩，保持
肩比肘高、肘比掌高的姿
勢，這樣支撐才有力量。另
外，請訓練夥伴在你向上撐
起時保持穩定以免摔倒。

【圖 2·78】保持肩比肘高、肘比掌高的姿勢。

【圖 2·79】向上撐起身體時仍要
保持打水，使下半身靠近水面。

第二階段：支撐在「水」上

　　划水的動作是透過雙手轉換支撐來移動身體的過程，這也是前面我們做如此多
實體支撐的原因。但水中並不存在穩定的實體，只有柔若無物的水啊！那我們如何
在水中形成較為穩定的支撐呢？

　　接下來的練習，就是為了提高「水感」而設計的，建議你照順序慢慢來。這些
也是下水之後很好的熱身動作，可以幫你進行耐力訓練前先培養水感。有些動作雖
然看似簡單，但要做好其中的每個細節並非想像中容易，光是放「慢」抓水的動作

就會讓身體失去平衡。因此你要確實花時間在每個動作上，打好划手的基本功，依照順序，確實執行各項動作的要領後才進行其他練習。

　　進行此階段的練習時必須先會「搖櫓」。手掌的動作模式有如一個平躺著的「8」（也就是數學中的符號「∞」），這個動作很像古代船夫的搖櫓動作，隨著快速跟著「∞」路徑移動，掌心會感到一股相應的壓力，這股壓力會讓手掌形成一個動態的支撐點。下面要練習運用搖櫓式划水，讓處在水中不同位置的身體保持平衡。

【訓練動作】平衡支撐

目的解說：學習在不轉換支撐的情況下，穩定特定的姿勢。姿勢保持得愈輕鬆，轉換支撐的動作也會愈輕鬆省力。

訓練方式：這項訓練就像是以手為支撐點的水上站樁，不動、放鬆與持久是關鍵。

● **仰姿平衡**：仰躺在水中，靠搖櫓的力量把身體撐起來，使身體保持水平，如果需要很刻意打水才能保持水平，建議一開始以夾浮板的方式來練習，才能專心開發支撐手上的水感。

【圖 2.80】仰姿平衡。

● **立姿平衡**：到雙腳踏不到地的深水區，直立水中，不打水只靠雙手在身旁搖櫓讓整個頭部都露出水面。如果水不夠深，可以如圖2.81中的選手改以屈膝的方式練習。

● **俯臥平衡**：以水平的姿勢保持不動，把頭部與背部撐出水面，此時可以微微

打水，若還抓不到打水的水感，要很用力打水才能維持水平的姿勢，建議先夾浮板練習。這項動作熟練之後，可以從原地改為前進。

【圖 2·81】立姿平衡。

【圖 2·82】俯臥平衡。

【訓練動作】撐起上半身

目的解說：練習在水中時能把更多的體重轉移到手掌上，而且在打水前進時還能保持身體的穩定。透過胸口上抬浮力減少的情況，模擬提臂時支撐手上的水感在短時間內快速形成的過程。

訓練方式：把肩膀與胸口盡量撐起到你能維持5秒以上高度，接著回到水中休息5～10秒，同組訓練至少反覆三次。向上撐起身體時仍要保持打水，使雙腿靠近水面。練熟之後，可以改成單手支撐。

【圖 2·83】雙手搖櫓支撐胸口上抬。

【圖 2·84】單手搖櫓支撐胸口上抬。

【訓練動作】撐水上躍

目的解說：自由式的划手是一種運用雙手快速轉換支撐的過程，這一系列的動作，是運用快速「上躍」的動作來開發手部在快速轉換支撐時的水感。

訓練方式：以下的訓練都不要主動用手臂向下壓水，而是把注意力放在頭部、肩膀與軀幹快速上抬的動作上。每個動作上躍五到十次即可慢游放鬆。這項練習需要有足夠的力量，如果還做不到雙手上躍，就先練第三章力量訓練裡的活動度、維持姿勢與上肢剛性等動作。

- **立姿雙手**：先保持身體直立，腿部放鬆伸直，只用手部的力量撐水快速上躍。上躍時軀幹與下半身仍需保持直立，落下後可沒入水中放鬆，準備好再進行下一次的上躍。

- **俯臥雙手**：先平趴在水中保持放鬆，運用搖櫓的支撐力快速上躍，頭部離開水面愈遠愈好。不管上躍多高雙腿都不能沉，下半身要一直保持在水面附近。

【圖 2·85】立姿雙手撐水上躍。

【圖 2·86】俯臥雙手撐水上躍。上躍時需保持打出水花，使下半身接近水面。

- **俯臥單手**：雙手在前，單手撐水上躍。在這項練習中，非支撐手很容易跟著晃動或搖擺，但這一開始沒辦法避免，只有當支撐手的力量足夠後，向前平伸的非支撐手才會懂得放鬆。進階動作改成單手在大腿側，單手撐水上躍。這項練習的難度最高，上躍時軀幹很容易左右旋轉，下半身也很容易下沉，

所以不只單手的支撐力要夠，還需要有足夠的核心與腿部力量才能做到這個動作。

【圖 2·87】雙手在前，單手撐水上躍。

【圖 2·88】單手在大腿側，單手撐水上躍。

第三階段：向前落下與轉換支撐

前面兩階段的訓練，是透過軀幹上下位置的轉移來改變支撐手上的體重，藉此開發水感。但自由式的動作是轉換支撐同時向前落下，在第三階段的訓練中我們要在支撐體重的基礎上，加入向前落下與轉換支撐的環節，這需要足夠的核心力量才能在換手支撐時保持身體的穩定性，所以你最好已經練過第三章中「維持姿勢」與「轉換支撐」的力量訓練，再來進行此階段的訓練，效果會比較顯著。

【訓練動作】單手海豚式

目的解說：學習用單手撐起身體之後，快速提臂前移向前落下加速。目的是為了讓身體在誇張化的情況下，學會「轉換支撐」的動作模式。如果你曾經看過蛙泳比賽，就會注意到他們每一下划手後身體向前落下（鑽入水中）的動作。自由式的每一次划手一樣有向前落下的動作，這項練習正是為了擴大向前

落下加速前進的感覺。

【訓練方式】：用單手把頭與上半身撐出水面，在出水的短暫時間你必須同時換氣（不轉頭／臉朝前換氣）、提臂與向前移臂，最後使手掌、頭部與上半身一起向前落下，學習運用落下的重力加速度向前移動。手臂前移時，手掌要盡量靠近身體，切勿向身體右側甩，過程中腳掌始終保持相同的打水頻率。

● **單手前伸**

【圖2·89】單手前伸的單手海豚式：用右手的力量把上半身撐出水面，左手要保持穩定，盡量不動。

【圖2·90】單手前伸的單手海豚式：快速把右手向前移動，跟頭部與上半身一起向前落下。

● **單手置於大腿側**

【圖2·91】單手置於大腿外側的單手海豚式：用右手的力量把上半身撐出水面，雙腿必須保持打水，不讓下肢沉入水中。在出水的短暫時間你必須同時換氣（不轉頭／臉朝前換氣）、提臂與向前移臂。

【圖2·92】單手置於大腿外側的單手海豚式：手掌、頭部與上半身會一起向前落下，這個過程有助你學習運用落下的重力加速度向前移動。

【訓練動作】抬頭自由式

【目的解說】：頭出水面時，浮力支撐減小，轉移到手掌上的體重變大，所以能

使手掌、手臂和肩膀之間連結得更加緊密，亦有效開發轉換支撐的知覺。

訓練方式：單手抬頭自由式和單手海豚式的差別在於，前者的頭部一直保持在水面上，後者的頭部每一次都要落入水中。所以游抬頭自由式時手掌要提早入水，以阻止頭部與肩膀落入水中。

【圖2·93】雙手抬頭自由式。

- **雙手**：雙手輪流撐起頭部與背部向前游，即是所謂的抬頭自由式。如果還無法游到25公尺，可與正常自由式混著游，方法是：先游抬頭捷5秒後，維持同樣划頻但把頭藏在水中5秒後再撐起頭部。

【圖2·94】單手抬頭自由式，單手前伸。

- **單手**：改用單臂游抬頭自由式，只用單臂划手，而且頭部始終保持在水面上。練熟後改把前伸臂置於大腿側。這項訓練需要有更強的穩定

【圖2·95】單手抬頭自由式，單手置於大腿側。

度與維持姿勢的能力，才能夠做出流暢的動作。

水感的訓練重點與流程

在進行水感訓練時，首先必須專注在「知覺」的掌握，先不用斤斤計較划手的動作與順序是否正確。這與「改動作／改泳姿」的目標不同，「改動作／改泳姿」可強化水感的形成，水感知覺的訓練亦可強化你對正確泳姿的掌握，但我建議先將

兩者分開處理。你可以只專注在泳姿的準確性上，直到它變成你動作的一部分；開發水感的知覺時，就把正確的動作與泳姿拋在一邊，將注意力全部放在知覺的掌握上——只專注在失重狀態形成時，另一隻手剛好尋找到支撐的實在感。

跟減少阻力的訓練一樣，這些訓練並非為了提高體能或力量。如果該動作的難度太高，或訓練的距離太長，或是雖然練到了體力但水感的提升反而受限。水感訓練是一種知覺的開發過程，它必須在目前體能與力量的承載範圍內才開發得出來。

所以每個動作都不要練太久或太長，水中前進的動作一組只練 25 公尺，每練完一組就以正常的泳姿慢游 25 公尺，目的是把剛開發出來的水感溶入你目前的泳姿之中，此時先不必太在意動作的準確性，把注意力放在手掌支撐體重與轉換支撐時的感受上。

陸上與靜止的動作一組最多只持續 30 秒，練完後一樣下水游 25 公尺，如果是 50 公尺的長池就游到底再上岸進行下一組。進行單手訓練時要交替進行，但如果有某一邊特別不順，可以加強訓練。通常習慣右邊換氣的人，左側的轉肩和提臂會較困難，此時要同時搭配第三章肩關節與胸椎關節的活動度訓練才易改善。

跟減少水阻的訓練一樣，如果你在某一段時期要特別開發自己的水感，每個動作至少要練四組（4 組 25m 技術 ＋ 4 個 25m 慢游 ＝ 25m×8），單邊的動作就左／右交替練（一隻手練兩組）。因為每個動作在剛開始練時都較生疏，要練到第三組之後才比較容易進入狀況。所以依過去經驗，同一個動作重複練四組會比所有的動作都練過一輪來得有效果。

該選擇哪些動作來訓練呢？若此時你想要特別針對水感來訓練，可以從第一階段的動作練起，練不順就「倒階」，練熟了下次就「進階」。練完技術後如果仍然精力充沛，泳姿也有明顯地改善，強烈建議再慢游 400 公尺，把今天建立出來的泳姿運用在實際的游泳動作中。

上述一系列的訓練目的很單純，使你的身體逐漸習慣把體重放在手掌上，而且逐漸消除俯臥姿失重時的恐懼與緊張感，以更輕鬆與從容的感受去完成轉換支撐點

的動作。透過練習，我想你更加明白「力量」有多麼重要了。沒有足夠的力量，技術再怎麼練都無法提升。「力量」並不只是舉更重、肌肉更壯更大而已，技巧所需要的「力量」有更多複雜的元素在裡面。這也是下一章我們要討論的重點。

注釋：

1. 雖然游泳、自行車和跑步都是向前移動，卻有本質上的不同：前進的過程中，跑步和自行車所需克服的主要是重力和風阻，但游泳是在水平面前進，沒有上下坡問題，前進時所需對抗的最大阻力即是水阻本身。

2. 「抱水」這個詞是傳統的說法，它會引導學員主動做划水的動作，這裡用「抱水」只是為了陳述划手的其中一個階段：肘部在手掌正上方，而且手掌來到臉部下方時很像在把水抱入胸懷的姿勢。

3. 分別是男子 100 公尺自由式、200 公尺自由式、100 公尺蝶式、200 公尺蝶式、4×100 公尺自由式接力、4×200 公尺自由式接力、4×100 公尺混合式接力。

4. 這一段紀錄摘自 Counsilman, James E. 著：*Competitive Swimming Manual for Coaches and Swimmers*, Counsilman co., Inc. Bloomington, In, 1977 年出版。

5. Terry Laughlin 著；項國寧譯：《輕鬆有效的魚式游泳》，台北市：聯經出版事業，2007 年出版，頁 19。

6. 十四歲的索普已經入選澳大利亞的游泳國手，一九九八年在游泳世界錦標賽中贏得 400 公尺自由式金牌，成為史上最年輕的世界游泳冠軍。曾打破十三項 50 公尺泳池的世界紀錄，而且是唯一在同一屆奧運會中取得 100、200、400 公尺自由式獎牌的選手。

7. 美國的 1500 公尺自由式世界紀錄保持人齊格勒（Kate Ziegler）以 15 分 55 秒 60 獲得銀牌，銅牌是中國李玄旭的 15 分 58 秒 02。

8. Ernest W. Maglischo, *Swimming Fastest*. United States: Human Kinetics, 2003. p27.

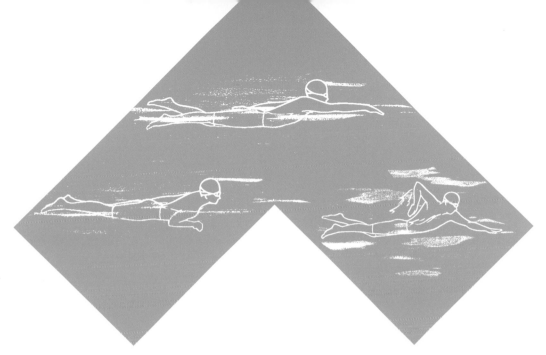

【第 3 章】

游泳的力量，
該怎麼練？

如果你真的想要進步，就必須認真把鍛鍊力量當成訓練的一部分，不要認為它只是「額外」的訓練，也不要想說自己練泳已經花太多時間了，根本沒時間練力量。這一章會讓你了解力量跟技術與成績之間的關係，它是整體訓練中很重要的環節，力量訓練的必要性就跟在泳池裡累積訓練量一樣重要。如果你願意從泳訓的時間中撥出一些時間來練力量，你練泳的品質將會跟著提升。

　　如果把訓練的內容不斷歸納，拉到最高層，我們可以推衍出的訓練階層是：

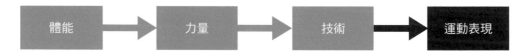

　　其中，「力量」位於身體訓練三元素的核心，它連結了體能和技術，如同自行車的鏈條般，雖然毫不起眼，卻扮演了傳輸力量的關鍵角色。沒有它，體能與技術再好，運動表現也出不來。下面我們將簡單解釋「力量」在體能、技術之間所扮演的角色。

1. 肌肉與體重之間的關係

運動力學的概念與邏輯

體能是運動表現的引擎，泳者要靠它所產生的能量來運動，能量代謝的過程在身體內部進行，看不到也摸不著。我們無法從外觀來了解引擎運作的效能與馬力是否強大；就像我們無法從外表來評斷一位泳者的體能好壞一樣。強壯的人不一定體能好，但體能好的人也不一定擁有足夠的力量。

泳者的力量不在於練得很壯，而是為了完成好的動作技巧，好的技巧才有好的表現。

想要練就減少水阻與增加推進力的技巧，必須要有穩定的核心以及用手臂支撐身體的力量。但該怎麼練呢？本章就在說明哪些動作才能練就上述技巧。

有什麼樣的理論，就會衍生出什麼樣的訓練法。如果你心中的加速理論是用力向後推水，力量訓練的重點就會以「推水」所需的肌肉部位為主。但如果你了解到游泳跟所有其他運動一樣，「加速」移動都需要「重力」，都需要透過「轉移體重」來「轉換支撐」，力量訓練的重點就會截然不同。

「所有運動項目的動作，都是肌肉用力的結果」這句話出自席夫（M.C. Siff）所著的《肌力與爆發力訓練中的生物力學基礎》（*Biomechanical Foundations of Strength and Power Training*）。過去從來沒有比現在這個時代更強調「肌肉」對運動表現的幫助。大多數人都認為運動時肌肉負責所有的工作，因此擁有更強更壯的

肌肉就能表現得更好（游得更快）。肌肉當然有助於運動表現，只是大多數人都誤解了它的功能。下面我們要來仔細思考一下肌肉演化出來的目的，以及它在運動過程中所扮演的角色。

植物纖維與動物肌肉之間的共性

在了解運動過程中肌肉的功能之前，我們先來了解「生物」與「環境」之間的互動關係。動物有肌纖維，植物也有纖維。兩者之間的差別顯而易見，但大多數人常會忽視兩種纖維組織之間的共同特性，那是什麼呢？

如果我們深入思考，會得到一個很有趣的答案：「支撐體重」。

在熱帶雨林裡的植物，為了爭取更多的陽光，必須盡量向上生長，長得慢的就無法吸收足夠的陽光以行光合作用。枝葉長得愈繁茂，樹幹也必須要有更加強韌粗壯的纖維，這就好比體型愈龐大的動物，需要演化出粗壯的腿部來支撐自身的體重一樣。當動物處於靜止狀態時，肌肉的角色就好比植物的纖維，仍需要用力，但用力的目的是在「支撐體重」與「維持姿勢」。完成這兩項任務的組織不只有肌肉，還有骨骼以及肌腱、韌帶與筋膜等結締組織。

以棒式（或稱平板支撐）來說，不只肌肉要用力，骨骼、關節與各種結締組織也承擔著某種力來支撐自己的體重。除此之外，力量還有「維持姿勢」的重要功能。因此，想要維持棒式，除了雙手雙腳使力支撐，肚子也需要收緊才行。

靜止狀態的肌肉所需承擔的重量是：一倍體重。「一倍體重」正是靜止狀態下肌肉、骨骼和結締組織所要承擔的重量大小。雖然靜止狀態只需承擔一倍體重，但在不同姿勢下身體保持平衡、維持穩定姿勢的難度也會不一樣。拿棒式來說，從手肘支撐→手掌支撐（圖 3·2）→單手支撐→單手單腳支撐（圖 3·4），雖然都保持靜止，體重也都一樣，但難度卻不斷遞增，因為「支撐的面積逐漸減少」。支撐面積愈小，難度愈高。所以趴臥在地上是最輕鬆的，因為支撐面積最大（圖 3·1）。

【圖 3.1】俯臥。

【圖 3.2】棒式四點支撐。

【圖 3.3】棒式三點支撐。

【圖 3.4】棒式兩點支撐。

俯臥、棒式四點支撐、三點支撐、單手單腳支撐的都是一倍體重，但難度差別很大。

　　另一種情況是：支撐點的數量不變，但因身體的「姿勢不同」，也會使平衡與穩定的難度跟著增加。以俯臥棒式為例，手掌置於肩關節正下方（圖 3.6），改成置於額頭前方（圖 3.5）或肚臍下方（圖 3.7），都會改變維持姿勢的難度。

　　當手掌離軀幹愈遠，雖然支撐的體重較小（約自身體重的 50%），但因為力臂變長，所以腹部的穩定肌群需要更費力才能維持姿勢；當手掌離肚臍（接近重心的位置）愈近，手臂負擔體重的比例就愈高。當雙手位在「肚臍下方」時，支撐手上的體重約為自身體重的 80%。手臂與背部力量足夠的人可以使腳掌完全離地，支撐 100% 的體重。

　　對自由式來說，支撐體重的位置正是隨著身體向前移動而改變，因此我們需要夠強大的核心與手臂的力量，來因應「移動支撐」改變時還能繼續「維持姿勢」。這個能力有了，當泳者的划手臂與身體的相對位置改變時，才有辦法保持穩定的泳姿。

【圖 3.5】雙手置於「額頭前方」時，支撐手上的體重約為自身體重的 50%，手愈往前，重量愈少，但力臂愈長，維持姿勢的難度增加。

【圖 3.6】雙手置於「肩膀下方」時，支撐手上的體重約為自身體重的 65%。

【圖 3.7】雙手置於「肚臍下方」時，支撐手上的體重約為自身體重的 80%。愈靠近重心，愈接近自身體重，背部力量足夠的人可以使腳掌完全離地。

「動態」造成體重的變化

　　體重，是會變動的。想像一下你正站在體重計上面手舞足蹈，這時體重計上的數值就會一直改變。動作的幅度愈大，姿勢改變愈快，數值也會有更大幅度的變化。比如說，你用力往前揮拳或上下跳動時，體重計上的數值會劇烈振盪。

物理學的教科書對「力量」的定義是：「物體之間相互接觸時互相作用的強度大小」（The magnitude of Interaction between material bodies）。牛頓第二運動定律所定義的力量（F）是「質量」和「加速度」的乘積（F = ma），在地球上我們一直受到「重力加速度」的作用，所以在靜止的站姿狀態下，雙腿所要用的力（F），就是一倍體重，即是身體的質量與重力加速度的乘積（mg）。在身體質量（m）不變的情況下，當我們快速改變姿勢時，「加速度」改變了，體重計上的數值（F）也會跟著變化。從這個觀點來看：力（F），其實就是體重（body weight）。

　　我們再回到體重計上的數值來思考，如果我們用力踩體重計，數值一樣會變化。「下踩／拍打體重計／拍水／打水／推水」一樣是我們可以執行的動作，但這些動作主要是在支撐點上使力，這種方式比較容易受傷，也比較沒有效率；反之，如果動作的重點轉移到「非支撐點的身體部位」，體重計上的數據一樣會劇烈變動，也就是說力量一樣會很大。

　　這裡只是想讓大家了解：力量，不是肌肉用力的結果。力量，即是體重。肌肉更用力是為了支撐體重與快速轉換支撐，而體重是會隨著身體各部位移動的加速度（a）而改變。所以為什麼練太極拳時動作很慢？其實那不是慢，而是「定速」（加速度等於零）。太極拳中有一個大原則是「不雙重」，意思是體重盡量在一支腳上，一實一虛。當體重在太極拳師傅的右腳時，想像他右腳底下有一個體重計，當手臂在練各種招式時，右腳下體重計上的數值會非常穩定，變動愈小的師傅代表功力愈高，此時他的上肢動作都是等速。何時會有劇烈變動呢？當他把體重瞬間轉到左腳時。這也是為何站樁站得愈穩定，出拳時力量會愈大。

　　想要鍛鍊划水的力量，並非一再地加強主動推水的力道，而是先強化手臂的支撐力，當你透過轉肩與提臂把體重轉移到手掌上時才能撐得住。如果此時支撐臂沒力量，當你一提臂，手掌就會很自然地向外或向內滑動，此時移動效率就會很差。

　　簡單來說，游泳力量訓練最關鍵的就是「支撐與穩定不動的能力」，這不只要練手臂的力量，也要練核心的穩定性。

「移動」需要重力，有了重力才有體重與支（撐）點

　　很久以前就有一位思想家看清移動背後的原理，這個人就是達文西，他觀察到一個很重要的現象：「人們總是把體重移往他們想要前進的方向，當一個人跑得愈快，他就必然會把更多的體重朝前進的方向傾斜。」[1] 所以水平移動，是把體重向我們想移動的方向轉移過去，當重心偏離支撐點，重力就會使身體產生「失衡」，失衡即是支撐點上失去體重（失重），失重造成轉動。當你不斷地轉換支撐點向想移動的方向持續轉動時，水平移動就此產生。因此所有的水平移動都是由一次又一次的「失衡／失重」形成的。

　　游泳也是一樣，沒有重力的話，我們就不會在支撐點上創造失重現象。有人會說，在泳池裡本來就沒有重力，也沒有體重。這種說法是不對的，只要有質量（m）與重力（g），體重就不會憑空消失。當我們漂浮在水中時，體重仍然存在，只不過主要由水的浮力承擔。

　　在本書第二章提過，如果全身的體重都由浮力支撐，就會像平趴在地面上的毛毛蟲很難提升移動效率，我們必須精簡支撐點的面積，以自由式來說，就是把「體重集中」在單手手掌上，使它形成支撐點，身體其他部位的移動效率才會出來。

　　「集中體重」是關鍵，如果沒有體重，我們就無法移動。換句話說，沒有重力，不管我們再怎麼努力划動雙手，也會無法前進。在《星際過客》（*Passengers*）這部電影中有一幕清楚呈現了這個現象：片中的女主角奧蘿拉（Auora，由珍妮佛·勞倫斯所飾演）在一台名為「阿瓦隆號」（*Avalon*）的星艦上游泳，突然重力裝置失效，泳池的水浮到空中形成一顆巨大的水球，她被困在水球裡，此時她奮力划手與踢水，想要游到水球表面來呼吸，但不管多麼用力都無法移動那短短兩到三公尺的距離[2]。因為沒了重力，她也跟著失去在水中「支撐體重」與運用「失重」來移動的能力。

　　之前有位學員提出一個問題也跟這部影片的現象有關，他問：「青蛙游泳靠的

不是身體（重力）而是肌肉力量？」答案重力與肌力都需要，但它們各扮演不同的角色。首先，如果沒有重力，青蛙在水中便無法前進。如同《星際過客》中的女主角在失去重力的水球中游不出來一樣。重力消失後，水浮上來變成大水球，青蛙（或游魚）在水中不管怎麼用力踢腳（游魚使勁擺尾），只是使水球中的水不斷晃動而已，青蛙（或游魚）都無法前進，因為沒有重力創造體重，沒有體重就無法創造穩定的支撐點。

那麼，「青蛙靠什麼力往前游呢，而且游得還很快？」整個身體沉在水中的生物，像青蛙，在沒有動的情況下浮在水中，身體的體重由水的浮力支撐，但當牠改變身體的姿勢（改變姿勢是肌肉的主要任務），浮力支撐會變小，此時支撐點轉移到腳上（腳是青蛙的移動支撐點），牠就靠這個改變，用腳支撐在水中，讓身體向前落下，而收腿的動作就是「拉起」以形成另一個支撐點。

力量訓練的主要目的與類別

談到這裡，我們就可以了解「力量」在游泳這項運動的主要功能在於「支撐體重」。移動時，體重會改變；移動速度愈快，支撐手所承受的體重就愈大，而且針對不同的運動項目，支撐體重的最大值與時間也各不相同。例如 50 公尺衝刺項目，20 多秒就會結束了。衝刺選手的划水都相當有力，力就是體重，也就是說，支撐手上的體重要夠大，才有足夠的體重可用來失重，使身體快速移動。如果手臂力量不足以支撐，加速度一定也會出不來。

球類運動因為要快速改變移動的方向，支撐腳上的體重也會有劇烈的變化，這也是為何「最大肌力」的訓練被視為各項球類運動的基礎訓練。而像馬拉松、鐵人三項或游泳這些項目，雖然單次支撐體重的值並不高，但要連續轉換支撐數小時。所以「肌耐力」不只是肌肉反覆收縮的能力，從上述的觀點來看，耐力運動也需要長期反覆支撐體重的能力。

但「肌耐力（肌肉長期收縮的耐力）」和「長期反覆支撐體重的能力」有差別嗎？差別在於，前者使教練或泳者誤以為這種能力「只」受限於肌肉收縮的耐力，而忽略了「支撐體重」與「維持穩定姿勢」的力量。重力向下，所以支撐體重與維持姿勢都要用力，但都是被動用力，唯有提臂的方向是向上，所以需要我們「主動」把手臂提起來向前移。

依據上述的理論，我們把自由式的力量訓練動作分成下列四種類別：

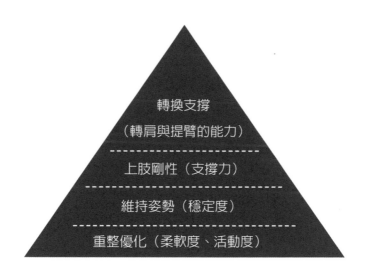

轉換支撐
（轉肩與提臂的能力）

上肢剛性（支撐力）

維持姿勢（穩定度）

重整優化（柔軟度、活動度）

愈底層的訓練愈是基礎，適合擺在每次訓練前的熱身環節；在賽季與週期化訓練開始前，很適合以「重整優化」、「維持姿勢」與「上肢剛性」這三類動作為主。力量訓練愈到後期，動作的類別要愈趨近自由式動作的功能所需，那即是「轉換支撐」的訓練動作。

體能之鏈：尋找最弱的一環

假設你現在的 1500 公尺個人最佳成績是 30 分鐘，也就是說，你現在的體能

狀況能在 30 分鐘內維持某一種速度游完 1500 公尺的距離。但不管再怎麼增加訓練量都無法進步，很有可能只是因為力量薄弱所以技術受限，而無法游出該有的速度。身體的力量就好比一條環環相扣的鏈條，這些環節中有柔軟度、活動度、穩定度、支撐力與轉換支撐的能力。如果目前 1500 公尺游到 30 分鐘是極限，再提高速度的話，鏈條上的力量傳遞就會失去控制，開始不穩定。穩定度下降，力量和速度也會跟著被削弱。

「鏈條的強度取決於最弱的一環」，當其中一環較弱，不管其他的環結多強都沒用。從這個比喻來看，提升游泳速度時，你必須先明瞭自己目前「最弱的一環」在哪裡，以及該如何提升。從另一個角度說，當你的 1500 公尺想提升到 25 分鐘的水準時，就非得先提升最弱一環的強韌度不可。若只是不斷地游間歇練心肺，或只是一直戴划手板訓練划手的力量，終究無法提升整體「支撐鏈」的強度。

這條支撐鏈是有階層性的，底層環節的能力或強度不夠時，高層的能力也無法發展出來。這也是為何針對性的力量訓練變得如此重要。有些人進行游泳訓練時，身體會習慣動用較強的環節，這樣只是一直練到鏈條的同一環，所以強者恆強、弱者恆弱，整體支撐鏈的強度並無法提升，還會使鏈條間的各個環節變得愈來愈不平衡，增加了受傷的風險。這也是苦練無法進步的主因之一。

因此了解泳者支撐鏈各個環節之間的關係、訓練的重點及動作十分重要。接下來，我們將從最基礎的「重整優化」訓練動作開始說明。

2. 重整優化：活動度是力量的根本

　　你可以現在試試看，趴在地面上把手舉起來而且讓大臂靠近耳朵（圖3·8），肩膀是否會有緊繃或被拉住的感覺，如果感覺很明顯，代表你肩關節的活動度不夠。肩關節活動度很差的泳者，在手臂前伸準備支撐轉移過來的體重時會很難保持穩定。你也可以當場試看看，但要小心別傷到自己的肩膀，循序漸進地做。先以伏地挺身的姿勢保持穩定，這是大部分人都可以維持的姿勢，因為此時手臂與地面呈九十度，對肩膀活動空間的需求不高，但當手掌逐漸往前走（雙腳不動），走到額頭前方的位置定住不動（圖3·9），很多人不到10秒身體就會開始微微的顫抖。如果再加上轉肩提臂，就會覺得肩膀和手臂的壓力更大。雖然有些人的確是因為手臂與核心的力量不足，但肩關節與胸椎關節的活動度是維持姿勢更底層的基礎能力。假設一位手臂粗壯、腹肌與背肌都很強壯的健美選手，肩關節與胸椎關節的活動度很差，當他維持前交叉（圖3·10）的姿勢時，必然會覺得不穩定或壓力很大，無法輕鬆維持前交叉姿勢的結果，就是游泳表現的耐力變差。

【圖3·8】趴在地面雙手向前平舉，需要肩關節的活動度。

【圖3·9】手掌在額頭前方的平板支撐，不只需要力量，也需要肩關節的活動度。

【圖3.10】單手提臂、單手前伸支撐，這也是接近自由式前交叉的泳姿，要維持這個姿勢需要肩關節與胸椎關節的活動度，以及足夠的穩定度與支撐力。

活動度是穩定度的基礎，身體的活動範圍一旦受限，支撐一定會不穩。支撐不穩，力量就會使不出來，技術的水平也會無法提升。

柔軟度→活動度→穩定度 →力量→運動表現
flexibility → mobility → stability → strength → performance

活動度（mobility）跟柔軟度（flexibility）兩個概念有所重疊，但內容上的定義有些許差異。「柔軟度」的英文是「flexibility」，這個詞可以被拆解成字首「flex」與字根「ability」，分別意指「彎曲」與「能力」。骨頭、肌腱與肌肉都無法彎曲，可彎曲的是「關節」，因此柔軟度的原始定義其實是指「關節自由彎曲的能力」。當然，關節旁都是肌肉，所以柔軟度跟肌肉的放鬆程度有相當密切的關係。如果肌肉太緊繃，不夠柔軟，關節的活動範圍就會被限制住。

也就是說「活動度」是一個範圍比較廣大的概念，它跟關節的可彎曲範圍、肌肉與結締組織的「柔軟狀態」有很大的關聯性。例如你的肌肉是放鬆的，但後背與後大腿的筋膜缺水，跟肌肉組織沾黏在一起，不夠柔軟，那髖關節的活動度也會受到限制。而「柔軟度」，具體來說是指肌肉的放鬆程度、筋膜的濕潤程度與彈性以及關節可彎曲的幅度。有足夠的柔軟度，才會有活動度。

除此之外，活動度也跟肌力的平衡有關。例如臀肌的協同肌群是後大腿，如果臀肌無力，後大腿就會工作過量。另一種情況是髖屈肌群太緊，造成骨盆前傾，那後大腿肌群將長期處於拉長狀態，使你有「緊繃」的感覺，但這種緊繃感並非後大

腿收縮所造成的，此時如果再刻意去伸展已經長期被拉緊的後大腿，不只沒有益處，還可能會受傷。

所以活動度牽涉的原因非常廣，物理治療師或是學過 FMS 等功能性檢測的專業教練，比較容易找到活動度不足的真正成因，進而開設對症下藥的運動處方。對已經感到疼痛或受傷的人來說，需要找專業的治療師謹慎處理，但對身體功能正常的泳者來說，重點是讓主要的活動關節能夠正常彎曲。

相鄰關節理論

身體的關節依任務屬性可分為「穩定型」和「活動型」。踝、髖、胸椎、肩與腕都是「活動關節」，夾在它們中間的膝、腰椎、肩胛與手肘屬於「穩定關節」。活動關節的活動度要足夠，不然穩定關節就會在活動時被迫叫出來工作，那就很容易受到傷害。如果「活動關節」的活動度不足，常會發生以下問題[3]：

- 踝關節失去活動度 → 膝關節容易傷痛
- 髖關節失去活動度 → 腰椎（下背）容易傷痛
- 胸椎失去活動度 → 肩、頸與腰椎（下背）容易傷痛

【表 3·1】 **相鄰關節理論** （joint-by-joint theory）

	關節名稱	關節的主要需求（joint primary need）
1	踝關節（ankle）	需要「活動度」（mobility）
2	膝關節（knee）	需要「穩定度」（stability）
3	髖關節（hip）	需要「活動度」（mobility）
4	腰椎（lumbar spine，俗稱「下背」）	需要「穩定度」（stability）
5	胸椎（thoracic spine）	需要「活動度」（mobility）
6	肩胛（scapula）	需要「穩定度」（stability）
7	肩盂肱骨關節（glenohumeral，簡稱「肩關節」）	需要「活動度」（mobility）

藍色／奇數關節：活動關節；黑色／偶數關節：穩定關節[4]

對自由式來說，會影響到力量的主要關節是肩關節與胸椎關節。由於上肢的主要功能是支撐與轉換支撐，也就是用手臂去支撐提臂所轉移過來的體重，當這兩個關節的活動空間不足時，轉肩與提臂的動作勢必也會帶動軀幹一起轉動（菁英選手提臂時軀幹也會轉動，但幅度較小），不只會使得雙腿下沉，也會因旋轉過度而形成剪刀腿（兩腿交叉，圖3·11）。如果確定問題是活動度不足，就必須在訓練課表中特別針對活動度來訓練，因為活動度到位

【圖3·11】剪刀腿大都是因為肩關節、胸椎關節或髖關節活動度不佳所造成的。

了，划手與提臂過程才能保持穩定；換句話說，活動度是穩定度的前提條件。

除了肩關節與胸椎關節之外，髖關節與踝關節也會影響打水的流暢度。最理想的打水動作俗稱「鞭狀打水」，這個意象很生動。真正的鞭子有非常多的「關節」，所以手上輕甩，在末端就會產出較大的力量。我們的下肢有三個主要關節，活動範圍會受限的大都是踝與髖。踝關節要有足夠的活動空間，才可以使腳踝像鞭子一樣上下擺動，在末端產出打水的力道（打水的目的之一是使身體在轉肩與提臂時還能使下半身浮在水面上）；髖是打水的起點，它的動作幅度不用太大，但如果髖關節附近的肌力不平衡，上下打水的動作就會變得很僵硬。有些人會膝蓋過度彎曲來打水，可能是因為技巧不足，動作模式沒有養成，但也有可能是因為髖關節活動度不足，使他們只能用膝蓋來帶動腳踝。所以很多人無法做到鞭狀打水的技術，其實是受限於下肢關節的活動度。

如果有局部活動度不足的情況，可特別加強。如何針對性地改善活動度與設計優化動作及恢復身體功能的運動處方，屬於物理治療的專業範圍，在此不深究。我們只提出廣泛適用的例行性訓練動作，適合在每次訓練前的熱身和非賽季時期，目的在提高泳者身體的活動度。

雖然各關節的活動度會互相影響，但下面我們先聚焦在上半身的胸椎與肩關節訓練動作上。不管是哪一個關節，我習慣的訓練流程如下：

1. 檢測：先確認訓練前的活動空間。
2. 按摩：放鬆關節周圍的肌肉和結締組織。
3. 活動度：透過特定的動作來加大目標關節的活動空間。
4. 力量：平衡關節旁的肌力。

胸椎關節與肩關節活動度訓練課表

　　因為活動度的課表最好在下水前進行，所以下面選擇以能在泳池進行的動作為主。每一個動作的操作時間 可以自己調控，但訓練加休息都是 30 秒。例如按摩肩窩 20 秒，轉換到下一個動作 10 秒；你也可以按摩 25 秒，只花 5 秒轉換到下一個動作。如果覺得動作難度較大，可以只做 15 秒，休息 15 秒。

【表 3.2】 胸椎關節

	類別	動作名稱	時長 （包含 10 秒換 動作的時間）	組數	組數說明
1	檢測	胸椎關節活動度	0 分 30 秒	1	一
2	按摩	上背	0 分 30 秒	2	左右各 1 組
3	活動度	貓牛式呼吸	0 分 30 秒	2	左右各 1 組
4	力量	趴地提臂	0 分 30 秒	2	左右各 1 組
5	按摩	肩窩與鎖骨下方	0 分 30 秒	2	左右各 1 組
6	活動度	蟹式呼吸	0 分 30 秒	2	一
7	力量	蟹式轉肩	0 分 30 秒	2	左右各 1 組

	類別	動作名稱	時長 （包含 10 秒換 動作的時間）	組數	組數說明
8	按摩	闊背	0分30秒	2	左右各1組
9	活動度	靠牆四足跪抱頭抬肘	0分30秒	2	左右各1組
10	力量	趴地提臂	0分30秒	2	左右各1組
11	檢測	胸椎關節活動度	0分30秒	1	—
			總訓練時間	10分0秒	

【表3·3】 肩關節

次序	類別	動作名稱	時長 （包含 10 秒換 動作的時間）	組數	組數說明
1	檢測	肩關節活動度	0分30秒	1	—
2	按摩	闊背	0分30秒	2	左右各1組
3	活動度	抱頭伸臂轉手腕 （彈力帶向外牽拉）	0分30秒	2	左右各1組
4	力量	鹹蛋超人	0分30秒	2	左右各1組
5	按摩	肩窩與鎖骨下方	0分30秒	2	左右各1組
6	活動度	繞臂轉肩	0分30秒	2	—
7	力量	俯臥身後握拳畫S	0分30秒	2	
8	按摩	胸部	0分30秒	2	左右各1組
9	活動度	貼牆舉手	0分30秒	2	—
10	力量	背平板支撐 手掌前後移動	0分30秒	2	—
11	檢測	肩關節活動度	0分30秒	1	—
			總訓練時間	10分0秒	

活動度的訓練動作與流程解說

流程一：檢測

目的解說：在訓練前／後重新檢測胸椎關節的活動空間，有助於自律神經系統（如同人體的自動導航器）重新接收到身體內部的全球衛星定位系統的訊號並自微調。蘇‧希茲曼(Sue Hitzmann) 在《風靡全美的MELT零疼痛自療法》中提出「重新連結」（reconnect）[5]，關鍵在於重複檢測，它有助於自律神經系統意識到你為身體所做的改變。不論是肩關節還是胸椎關節，兩邊需要分開檢測，才能了解自己的活動度是否平衡。如果左右兩邊的活動度差很多，要先加強差的那一邊，因為左右的活動度愈平衡，划手動作的節奏與流暢度才練得起來。

- **胸椎關節檢測方式**：(1) 先採取四足跪姿（姿勢1），手掌在肩膀正下方，膝蓋在臀部正下方。(2) 臀部盡量向後坐，如果可以就坐在腳跟上（姿勢2），若臀部無法坐到腳跟上，只要使腳跟與臀部之間的距離保持一致即可。右手扶在後腦勺上，在頭部與背部都不動的情況下，手肘先盡量向上抬到與地面呈水平的位置，作為角度量測的起點。(3) 接著腳跟與臀部之間的距離保持一致的情況下，使手肘上抬到極限，轉動時臉部可以順勢跟著手向外側轉動，就像轉頭

【圖 3.12】姿勢一：起始姿勢。

【圖 3.13】 姿勢二：手臂與地面成水平。

47.1 度

【圖 3.14】姿勢三：右胸椎關節檢測，結束姿勢。

換氣一樣，但不能抬頭，之後用量角器測量手肘轉動的角度（如圖3.14），這就是你當前胸椎關節的活動度。這項檢測需要有夥伴幫忙量測角度。

- **肩關節檢測方式**：雙手握拳，拇指握在四指內，雙手繞到背後，盡量靠近，以尺量測雙拳之間的最短距離。量測時身體保持直立，不凸肚、不挺胸，注意下巴不要抬起，要保持量身高時的姿勢。左手在下時所量測的數據代表左肩的活動度。這項檢測需要有夥伴幫忙測量雙拳之間的最短距離。

【圖3.15】左肩關節檢測：量測雙拳間的最短距離。

【圖3.16】右肩關節檢測：量測時想像自己在量身高，身體必須保持直立，不凸肚、不挺胸，注意下巴不要抬起。

流程二：按摩

目的解說：肌肉、韌帶和筋膜組織之間同時具有黏性和彈性，當它們長期處在排列不良的姿勢下，組織會失去原有的彈性而產生「潛變」（creep），一種因長時間低負荷的作用力而使肌肉與筋膜組織變得更長、密度變高。這對活動度來說並不是好事。潛變會造成肌肉、韌帶以及筋膜品質變差，而按摩正是改善它的方法。尤其是許多人因為過度強調前方肌群的重量訓練或長期使用3C產品，導致胸部相關肌群緊繃而有圓肩、駝背或烏龜脖的問題。按摩可以釋放關節附近肌肉與結締組織的壓力，使組織液重新流動起來，藉此讓附近的組織

放鬆與恢復彈性，因為唯有在肌肉放鬆與結締組織恢復彈性的情況下，關節的活動空間才會出來。

訓練方式：需要按摩球、網球與滾筒，運用自身體重的按壓來達到上述效果。有些人會以為按摩要痛才有效，但我們的目的是放鬆，疼痛感會刺激神經，讓肌肉與軟組織變得更緊繃。所以按摩時力道要拿捏，不要有疼痛感。滾筒按摩的流程時，先「按」後「摩」。在比較緊繃的位置上，先以不會疼痛的壓力靜態按壓，做二～三次深呼吸，待緊繃感明顯減緩後再「慢速滾動」十次就會有效果了。

- **按摩上背**：當滾筒置於上背時，可使兩手肘靠近，有助於打開肩胛骨，按壓到更深層的組織。

- **按摩肩窩與鎖骨下方**：胸大肌其中之一的起端從鎖骨內側開始，所以適度按摩肩窩與鎖骨下方有助於放鬆前側，藉此改善肩關節的活動度。

有助於肩與胸椎關節活動度的放鬆動作

【圖 3.17】用滾筒或按摩球按摩上背。　　　【圖 3.18】用按摩球沿著肩窩與鎖骨下按摩。

- **按摩闊背**：使用滾筒掃刷腋下與肩胛間的團塊，有助於肩關節的後側肌群放鬆，亦可用網球按壓。

- **按摩胸部**：用滾筒或網球滾按胸肌。這個動作也可以用俯臥與滾筒進行，但對於胸肌緊繃的人來說，這個姿勢壓起來會很痛，疼痛會抑制按摩的放鬆效果，所以建議剛開始時採取直立的姿勢靠牆用球按壓即可，而且在泳池時也比較方便操作。手掌抬高過頭，先延展再掃刷，效果會更好。

【圖 3·19】按摩腋下與肩胛間的團塊（闊背部位），先前後，再往背部的方向滾按。　【圖 3·20】用按摩球滾按胸部。

流程三：活動度

目的解說：因為長期久坐和使用智慧型手機，所以大部分人的胸椎關節與肩關節活動度都不夠，建議每次訓練前都要進行這兩個關節的活動度訓練。有次跟好朋友山姆伯伯談到胸椎關節與肩關節活動度的問題，他提出的觀念非常棒，對自由式來說尤其重要，他說：「肩膀活動度需要先有胸椎的旋轉能力，而胸椎旋轉的活動度又涉及胸椎伸展的能力，所以如果胸椎伸展的活動幅度卡住了，那你的胸椎旋轉與肩關節活動度也會跟著一起受限。而改善胸椎伸展能力的最佳訓練動作是『貓牛式』。」

訓練時機：活動度的訓練在按摩之後進行效果最佳，最好趁著軟組織放鬆完後，緊接著進行特定關節的活動度訓練。

訓練方式：在進行下列活動度訓練時，動作要慢，而且不要用力、不要憋氣，也不要主動用力吸氣或吐氣，要感覺空氣是透過屈曲與伸展的動作「被動地」在身體內進出。下面每個動作都持續30秒。

- **貓牛式呼吸**：反覆下面兩個姿勢，重複30秒。
  - 姿勢一：雙手先支撐在肩膀正下方，膝蓋支撐於臀部正下方，抬頭、挺胸、翹屁股的同時被動吸氣，肚臍往地面的方向推出，此時肩胛骨會收攏夾緊。
  - 姿勢二：拱背縮腹，用手撐地把背向上推出，肩胛骨就會打開。

胸椎關節伸展活動度訓練動作

【圖 3.21】貓牛式：姿勢一，抬頭、挺胸、翹屁股的同時被動吸氣。 　【圖 3.22】貓牛式：姿勢二，拱背縮腹，用手撐地把背向上推出。

- **蟹式呼吸**：反覆下面兩個姿勢，重複30秒。
  - 姿勢一：仰姿，雙手支撐在肩膀正下方，屈膝使腳跟離臀部約兩個腳掌的距離。
  - 姿勢二：把肚臍往天上頂，挺胸收攏肩胛骨的同時吸氣，使大腿、腹部與

【圖3.23】蟹式呼吸：姿勢一，放鬆吐氣。　　【圖3.24】蟹式呼吸：姿勢二，挺胸收攏肩胛骨的同時吸氣。

胸部形成一直線。

胸椎關節旋轉活動度訓練

- **靠牆四足跪抱頭抬肘訓練**：靠牆的目的為了確保旋轉胸椎時，支撐邊的肩膀和臀部不跟著轉動。反覆下面兩個姿勢，重複30秒。
  - 姿勢一：先採取四足跪姿，支撐邊貼牆，活動邊的手掌抱頭。
  - 姿勢二：在全身其他部分都不動的情況下，盡量抬高手肘。

【圖3.25】靠牆四足跪抱頭抬肘：姿勢一。　　【圖3.26】靠牆四足跪抱頭抬肘：姿勢二。

- **抱頭轉手腕訓練**：單手抱頭，手臂放鬆，讓手臂的重量自然把頭部向側邊下壓，另一隻手向外側延伸，抓住彈力帶（把彈力帶綁在跟腳踝齊高的固定物體上），同時在手臂打直的狀態下緩慢地轉動手腕。透過彈力帶的牽拉，有助於把肩關節拉開，創造更多旋轉的活動空間。

- **壓肩訓練**：這項訓練主要是透過自身體重的壓力把肩關節打開，可以躺在地上，也可以靠牆進行。

  - 靠牆：在泳池時很難找到位置躺下，所以建議採取靠牆的方式，壓力也比較容易控制。轉動幅度一開始別太大，只要轉到肩膀有緊繃感即可，不應有疼痛感。

【圖 3‧27】抱頭轉手腕，透過彈力帶的牽拉，有助於把肩關節拉開，創造更多旋轉的活動空間。　【圖 3‧28】靠牆壓肩。

  - 提示：這個動作許多游泳選手都會做靜態的，但我建議先做動態的，先轉到自己的舒適圈極限之後再回到原位，重複轉動30秒。壓肩的過程中切忌有感覺到痛的緊繃或拉扯感，前幾次轉動都在舒服的範容內，接著再逐次加大轉動的幅度。

- **繞臂轉肩訓練**：雙手分別抓著瑜伽繩（或木棍）的兩端，剛開始可以先抓寬一點，在維持軀幹挺直與手臂伸直的情況下，使瑜伽繩繞過頭頂來到身前，接著再繞回背部，重複五次之後若覺得肩膀壓力不大，雙手可以分別向內靠

近半個手掌寬。但如果肩膀非常緊繃或甚至會痛，雙手抓握的距離要再加大。

- **站立姿勢**：當轉動手臂時，全身要保持直立的站姿，尤其是頭部和臀部都要保持穩定，不能低頭或後翹。

- **硬舉姿勢**：膝蓋微彎，背部打直、臀部向後。當轉動手臂時，膝關節、背部與頭部都需保持不動。

  - 提醒：如果轉肩時覺得疼痛，絕不要硬繞過去，要在自己目前可活動的空間內進行訓練。我們的目標是先讓身體逐漸擴大關節活動的舒適圈，如果一開始跨出舒適圈太多，身體會接受不了，訓練效果反而會變差，甚至有受傷的風險，需要特別注意。

【圖 3.29】繞臂轉肩：站立姿勢。

【圖 3.30】繞臂轉肩：硬舉姿勢。

- **貼牆舉手訓練：**

  - 姿勢一：身體向後躺在牆上（也可以躺在地面上），雙手先保持「凵」形類似舉手投降的姿勢，使手掌、手臂與背部皆貼緊牆面。

  - 姿勢二：在背部與手臂貼牆的情況下向上舉手，舉到後背或手肘其中一個

部位離開牆面就停止，
做一個深呼吸後就回到
姿勢一。

■ 提醒：別為了不離開牆
而刻意用力貼緊牆面。
如果舉手時有聳肩情況
發生，是上斜方肌主導
出力的結果，請先降低
舉手的幅度。

【圖 3.31】貼牆舉手：姿勢
一，手掌、手臂與背部皆貼
緊牆面。

【圖 3.32】 貼牆舉手：姿勢
二，舉到後背或手肘其中一
個部位離開牆面就停止。

流程四：力量

目的解說：透過特定的姿勢與外在阻力，使失憶的肌肉開始用力，讓身體恢
復平衡。例如現代人因為使用3C產品與久坐，又多著重胸肌與腹肌的訓練，
所以軀幹長期處在胸腹緊繃、背部鬆弛的不平衡狀態，除了放鬆前側之外，背
部的力量也需加強才能有效地改善活動度。

訓練方式：每個動作重複30秒，無須計算次數，重點是動作的品質，必須達
到下面描述的要求。

有助於打開胸椎關節的力量訓練動作

● 趴地提臂訓練：腹部撐地，單手平伸，另一隻手模擬自由式提臂動作。

■ 姿勢一：先平趴在地面上，以腹部支撐體重，手腳離地伸直。

■ 姿勢二：把手肘提到最高點，其他部位盡量保持不動，尤其是另一隻手必
須保持在向前平伸的狀態。

■ 姿勢三：手掌向後移動到大腿外側，接著再依序從姿勢二回到姿勢一。

【圖3·33】趴地提臂：姿勢一，腹部支撐，雙手雙腳平伸。

【圖3·34】趴地提臂：姿勢二，高肘提臂，其他部位皆維持原本的姿勢。

● **蟹式轉肩：**

■ 姿勢一：蟹式平板支撐，進行一次深呼吸後轉肩至姿勢二。

■ 姿勢二：單手支撐，單手舉起轉肩後手自然下垂放鬆，進行一次深呼吸後再回到姿勢一，反覆來回30秒。

【圖3·35】趴地提臂：姿勢三，手掌向後移動到大腿外側。

【圖3·36】蟹式轉肩：姿勢一，蟹式平板支撐。

【圖3·37】蟹式轉肩：姿勢二，單手支撐，單手舉起轉肩後自然下垂放鬆。

有助於肩關節活動度的力量訓練動作

● **鹹蛋超人訓練：**

■ 姿勢一：雙手在胸前平伸，注意不要聳肩，彈力繩下端阻力在手肘，上端

阻力在另一隻手的手腕
附近。

- 姿勢二：請在手肘不動
  的情況下，手腕向上抬
  起，像是鹹蛋超人的招
  牌動作。抬起手腕時，
  肩膀必須維持在姿勢一
  的同樣高度。

【圖 3.38】鹹蛋超人：姿勢一，雙手在胸前平伸。 【圖 3.39】鹹蛋超人：姿勢二，手腕向上抬起，像是鹹蛋超人的招牌動作。

- 提醒：如果抬手時有聳

肩情況發生，是上斜方肌主導出力的結果，建議先降低彈力繩的阻力。

- 俯臥身後握拳畫S訓練：

  - 姿勢一：俯臥姿，身體平趴地面，左手握拳離後腦勺5公分，右手握拳離
    下背5公分，雙拳稍事停留之後轉移到姿勢二。

  - 姿勢二：左手移動到下
    背後方，右手移動到後
    腦勺後方，稍事停留，
    再回到姿勢一。

  - 提醒：在泳池若不方便
    趴在地面，這項練習也
    可改成站姿，但在移動
    拳頭時，要確保頭部與
    軀幹不動。

【圖 3.40】俯臥身後握拳畫 S：姿勢一。 【圖 3.41】俯臥身後握拳畫 S：姿勢二。

有助於肩關節與胸椎關節活動度的力量訓練

● **背平板支撐手掌前後移動訓練：**

■ 姿勢一：仰姿棒式，手掌支撐於肩膀正下方，手臂、膝蓋與軀幹皆打直，肩膀打開同時下壓遠離耳朵，穩定後就移動到姿勢二。

■ 姿勢二：在維持姿勢一的情況下，手掌往頭前的方向移動，穩定後手掌再往臀部方向移動到姿勢三。

■ 姿勢三：手掌往臀部方向移動，穩定之後再回到姿勢一。

■ 提醒：如果手掌移動的過程中，臀部會掉下來就要減少移動的幅度。

【圖3·42】背平板支撐手掌在肩膀下方：姿勢一。

【圖3·43】背平板支撐手掌前進移動：姿勢二。

因為背平板支撐需要有足夠的力量才能夠維持姿勢，在移動手掌時肩關節與胸椎關節的活動度也要有一定的基礎才行，可以先不用像示範動作一樣移動這麼大的距離，只要有做出前後移動的動作即可。如果肩膀感覺壓力太大，也可以先以蟹式方式進行。

【圖3·44】背平板支撐手掌向臀部移動：姿勢三。

● **蟹式支撐手掌移動訓練：**

■ 姿勢一：先維持蟹式，使手掌支撐於肩膀正下方，手臂打直，肩膀打開同

時遠離耳朵，穩定後就移動到姿勢二。

■ 姿勢二：手掌先向前走到穩定度的極限後，再移動到姿勢三。

■ 姿勢三：手掌朝著臀部的方向移動，到達穩定度的極限後，再移動到姿勢一。

■ 提醒：手掌移動時，全身要保持穩定，尤其不能聳肩或圓肩，肩膀要保持打開的狀態。

【圖 3-45】蟹式手掌在肩膀正下方：姿勢一。

【圖 3-46】蟹式手掌向前移動：姿勢二。

【圖 3-47】蟹式手掌向臀部移動：姿勢三。

各關節的連動性

雖然上面的訓練動作，我是依不同的關節來區分，但這些關節之間都有關聯。任何一個關節的活動度跟其他關節不匹配，都會影響到全身的活動度。我們可以用下面的動作，來讓你了解踝關節與肩和胸椎關節之間如何互相影響：

⑴ 雙腳與肩同寬保持直立站姿，伸出右手比一個讚的姿勢（圖 3-48-1）；

⑵ 接著轉向身後，在雙腳腳掌不離開地面的情況下，盡可能地達到自己轉體的

最大幅度，接著用眼光對準拇指的遠方，看對到哪一個物體或位置（圖3‧48‧2）；

⑶ 手不要放下，接著回到原本直立的站姿，但左腳腳踝刻意向外翻（圖3‧48‧3）；

⑷ 保持左腳踝些微外翻的姿勢，再向後轉體一次，你會發現轉體的幅度減少了許多（圖3‧48‧4）。

左腳踝向外翻不只會限制本身的活動度，同時也限制了胸椎與肩關節的活動空間；反之亦然，如果自己的肩與胸椎關節活動空間變小（不論是任何原因），髖與踝關節的活動空間也會跟著受限。

【圖3‧48‧1~3‧48‧2】正常直立站姿，向後轉檢測旋轉的幅度。轉動時腳掌必須保持與地面貼合。

【圖3‧48‧3~3‧48‧4】保持左腳踝略微外翻的姿勢，向後轉體第二次檢測，檢查自己旋轉幅度的改變。

3. 維持姿勢：維持部分身體穩定不動的能力

維持姿勢的訓練在提供穩定、平衡與促進本體感覺與神經協調性，強化維持部分身體穩定不動的能力。因為速度來自於身體一起向前落下的結果。如果身體在向前落下的過程中有一丁點搖擺或晃動，或在提臂時腿部下沉，體重無法順利轉移到支撐手上，速度就會變慢，所以軀幹的「穩定度」相當重要。

如果活動度或核心肌力不夠，我們很難維持某些姿勢。假設你已經透過前面的訓練，把活動度提升到一定的程度，接下來核心肌力就成為你力量訓練的重點。

為什麼「看不到的力」也很重要？

「重力」與「維持姿勢」的力量因為「不可見」，所以很容易被忽視，前者在第二章已經仔細談過如何有效地利用看不見的重力。後者則像手腳撐地不動維持身體水平的「棒式」，雖然靜止不動，但仍需花力量才能維持。與其相對的「可見力」主要是指能夠被觀察到的四肢動作，以伏地挺身來說，表面上看起來好像只是手臂的彎曲與伸直動作，似乎是只有手臂在用力，其實不只上半身，連背部、腹部、腰部、臀部與腿部都要同時用力才能完成標準的伏地挺身。

對游泳這種重複型態的運動模式而言，實際上幫助身體在水中前進的是看得到的提臂與划手動作，但在運用「可見力」時，身體需要隨時保持適度的緊繃感，四肢才能保持良好的互動狀態，同時使軀幹保持在低水阻的水平位置。如果維持姿勢

的力量不夠強健，在划手與打水之間，身體就會隨著你強大的「可見力」而晃動，不只水感會變差，水阻也會相應增加。就像是瘦弱的樹幹卻長出過粗的樹枝一樣，樹幹會跟著強風吹拂枝葉而巨烈搖動，甚至斷裂。

因此，如果只是增強手臂、肩膀與大腿的肌力，沒有同時增強軀幹的穩定性，增加的力氣將使你的身體在游進的過程中搖擺不定，這不只會形成多餘的水阻，也會使你的推進力下降。所以要讓自己游得更快，你無法只透過提升手臂的支撐力（以下要說明的力量訓練）而不同時增加軀幹的核心力量。這種情形常發生在那些剛學習帶划手板訓練的選手身上，因為划手的力道增加，軀幹和下半身反而搖晃得更劇烈。

此外，強健的核心同時也能夠加大你的划手力量。想加大划手的推進力，其實也需要核心肌群的協助，**好比挖土機必須先有穩固的基底才能發揮怪手的力量一樣**。腹、背、臀的肌群除了可以幫助你的身體在水中保持穩定，也能讓你運用「整個身體來划水」。

從挖土機的「基底」到最末端「怪手」這兩者之間的鏈結，正是「維持姿勢」這類訓練的重點。

我們下面把「維持支撐」的訓練動作分成仰姿、側姿、俯臥與懸吊四種姿勢，前三個姿勢又可再區分成「軀幹支撐」與「手腳支撐」兩個子類別，軀幹支撐強化的是局部核心的肌力，手腳支撐則是強化較為全面的姿勢力（維持姿勢的能力）。軀幹支撐的動作主要是為了補強較弱的核心環節，而手腳支撐所發展出來的能力會更符合自由式划手時的需求。

仰姿

仰姿臀部支撐

訓練目的：這一系列動作是以臀部為支點，以仰姿訓練上／下半身獨自移動的能力。

訓練方式：

* 訓練一：先躺在地面上，掌心朝上（這是為了使你在用力時不要用手掌支撐地面），在上半身不動的情況下，雙腿打直向上抬起，抬起的高度會因腹部力量與髖關節的活動度而異，可以盡量抬高，只要抬起時背部與臀部都能保持貼緊地面即可。接著緩慢等速放下，待腳跟觸地後再抬到前一次的高度。持續反覆30秒。

【圖 3.49】訓練一：上半身不動，下半身抬起。

* 訓練二：先躺在地面上，雙手抱胸，在下半身不動的情況下（可以用重物或找訓練夥伴壓住腳踝），上半身向上抬起。接著回到平躺在地面的姿勢之後再向上抬起。下半身的穩定性和軀幹上抬的高度要能維持至少持續反覆30秒。

【圖 3.50】訓練二：下半身不動，上半身抬起。

* 訓練三：上／下半身同時上抬離地後，隨之回到平躺的姿勢，反覆向上抬起。上下半身離地的高度先不用太高，但在

【圖 3.51】訓練三：上／下半身同時抬起。

持續反覆30秒的過程中高度要保
持一致。

　　進行上述動作時，如果背部無
法保持平衡，會不自覺地拱起，甚
至覺得有壓力感。可以先改成「仰
臥抬腿／放腿」的動作，一條腿先
靠在牆上或訓練夥伴身上，另條腿
抬起到相同高度之後再緩慢等速放
下。這個動作有助於喚醒較深層腹
部肌群的力量。

【圖 3·52】仰臥抬腿／放腿：這項訓練可以激活
較深層的腹部肌肉，很適合熱身和初學者。

仰姿手腳支撐

訓練目的：雖然自由式是俯臥姿勢，手腳支撐時主要是由胸腹發力，但相對
來說背部肌群較弱，前後力量不平衡的話，身體在高速下需要更費力才能「維
持姿勢」。也就是說，下面的訓練動作不在於使你變強壯，主要的是在幫助身
體前後側的肌肉張力更趨於平衡。

- **蟹式訓練**：下面的動作，都必須維持軀幹
　挺直與肩膀打開的姿勢。
　- 姿勢一：雙手撐地，維持姿勢並保持呼
　　吸，持續30秒。
　- 姿勢二：單手撐地，單手舉起轉肩後手
　　臂放鬆自然下垂，持續30秒後換手。

【圖 3·53】姿勢一：蟹式。

■ 姿勢三：單手撐地，單手舉高，軀幹保持水平，維持姿勢並保持呼吸，持續30秒後換手。

【圖 3·54】姿勢二：單手蟹式轉肩。　　【圖 3·55】姿勢三：單手蟹式。

● **背平板支撐訓練**：這是蟹式的進階訓練，會讓你的整個後側動力鏈參與。訓練過程中必須維持雙腳打直、軀幹挺直與肩膀打開的姿勢。手掌指尖朝外，以確保肩膀外旋。

■ 姿勢一：雙手撐地，維持姿勢並保持呼吸，持續30秒。

■ 姿勢二：單手撐地，單手舉起轉肩後手臂放鬆自然下垂，維持姿勢並保持呼吸，持續30秒後換手。

【圖 3·56】姿勢一：背平板支撐。　　【圖 3·57】姿勢二：單手背平板支撐轉體。

- 姿勢三：單手撐地，單手舉高，軀幹保持直拉，維持姿勢並保持呼吸，持續30秒後換手。

【圖 3·58】姿勢三：單手背平板支撐。

側姿

側姿臀部與上肢支撐

訓練目的：訓練外側肌群，強化身體打水時的穩定性。

訓練方式：

- 訓練一：上半身不動，單腿直膝向上抬起30~45度後，回到原始位置，重複30秒後換腿。

【圖 3·59】訓練一：上半身不動，單腳向上抬。

- 訓練二：上半身不動，單腿先直膝上抬10公分後，向身體前方緩慢等速踢出30～45度之後回到原始位置，重複30秒後換腿。這個訓練動作的關鍵是從頭部到尾椎不能動，要保持穩定。

【圖 3·60】訓練二：上半身不動，單腳向身前踢。

- 訓練三：同前一項訓練的原則與關鍵，但騰空腿改成向後踢。
- 訓練四：上半身撐在跳箱上不動，雙腳騰空打水30秒，打水時臀部與上半身要盡量維持不動，如果身體會晃動就要降低打水的頻率或縮小前後的幅度。

【圖 3‧61】訓練三：上半身不動，單腳向後踢。

【圖 3‧62】訓練四：上半身撐在跳箱上不動，雙腳騰空打水。

側姿手腳支撐

訓練目的：強化整體的側邊穩定度，使身體在入水與用力划手時不至於有側向扭轉的動作產生。

訓練方式：

- 訓練一：手肘撐地，雙腳交叉前後支撐，身體保持挺直，維持姿勢30秒後換邊練習。
- 訓練二：手肘打直，手掌撐地，雙腳併攏，單腳外側支撐，身體保持挺直，

【圖 3‧63】訓練一：側平板，肘撐分腿。

【圖 3‧64】訓練二：側平板，掌撐併腿。

維持姿勢30秒後換邊練習。

- 訓練三：手肘打直，手掌撐地，單腳
外側支撐，另一隻腿等速向上抬起與
放下，持續反覆30秒後再換邊。騰
空腳移動的過程中，其他身體部位要
盡量維保持不動。

【圖3-65】訓練三：側平板，掌撐抬腿。

- 訓練四：手掌撐地，上半身不動，單腿先直膝上抬10公分後，騰空腿向身體
前方緩慢等速踢出30~45度後，回到原始位置，持續反覆30秒後換腿支撐。
- 訓練五：同前一項訓練，但騰空腿改成向後等速踢出。

【圖3-66】訓練四：側平板，掌撐前踢。

【圖3-67】訓練五：側平板，掌撐後踢。

俯臥

俯臥腹部支撐

訓練目的：強化背部力量，使身體在水中能自然保持良好的泳姿，下半身能
自然靠近水面。

訓練方式：

- 訓練一：軀幹與上肢撐地，腳掌與腿部等速向上抬起，大腿必須離地，接著等速放下，持續反覆30秒。在腿部上下移動時，關注的重點在身體的其他部位要盡量維持不動。

- 訓練二：腹部與大腿撐地，腳尖頂住地面（亦可請訓練夥伴壓住小腿），雙手靠近耳朵，手臂與軀幹一起等速向上抬，胸口必須離地，接著等速放下，持續反覆30秒。關注的重點是下半身，要盡量維持不動。

- 訓練三：腹部撐地，上／下半身同時向上抬起，接著回到地面。先不用抬很高，一開始只要能持續反覆上抬30秒即可。

- 訓練四：上半身撐在跳箱或臥推椅上不動，雙腳騰空打水30秒。打水時臀部與上半身要盡量維持不動。

- 訓練五：上半身騰空，腹部撐在舉重椅上不動，雙腳騰空打水30秒。

【圖 3‧68】訓練一：上半身不動，下半身抬起。

【圖 3‧69】訓練二：下半身不動，上半身抬起。

【圖 3‧70】訓練三：上／下半身同時抬起。

快速以小幅度打水
但上半身不能動

【圖 3‧71】訓練四：上半身撐在跳箱或臥推椅上不動，雙腳騰空打水。

快速以小幅度打水
但上半身不能動

【圖 3‧72】訓練五：上半身騰空，腹部撐在舉重椅上不動，雙腳騰空打水。

- 訓練六：趴在地上，把藥球丟高傳給訓練夥伴，夥伴以滾地球的方式把球回傳，接著再把球向上丟給訓練夥伴，持續30秒。

【圖 3·73】訓練六：趴在地上，把藥球丟高傳給訓練夥伴。

┃練法 ≠ 技術：有些水中的訓練動作不是在練技術，而是在練力量┃

　　我知道有些教練在調整泳姿時會特別要求手掌入水碰到前伸手之後才可以往下抓水（包括我在設計課表時也會加入這項練習），但這並非在練技術，而是在訓練維持姿勢的力量。因為當手臂提起到最高點時，前伸手應該已經同步以高肘的姿勢下壓，如果在提臂之後還刻意使前伸臂保持平伸的姿勢，不只會錯失轉換支撐的時間使水感無法及時形成，還要更費力去維持一個對前進沒有幫助的姿勢。也就是說，這個姿勢並不利於推進，因為它不允許體重「及時」轉移到前伸手上。

【圖 3·74】姿勢一：腹部支撐，雙手雙腳平伸。

【圖 3·75】姿勢二：高肘提臂，其他部位皆維持原本的姿勢。

　　但若把這項練習當作背部力量的訓練就很合理了，它好比力量訓練中「維持姿勢」的訓練。你可以試試看下面的動作，先採取俯臥姿，以腹部支撐體重，手腳皆離地伸直，接著單

【圖 3·76】姿勢三：手掌向後移動到大腿外側。

手模擬自由式提臂動作，另一隻手保持平伸不能觸地。如果在提臂時前伸手完全不降低高度，需要足夠的活動度與核心力量才能做到。透過這項練習，你更能了解到為何前一個「手掌相觸之後才划手」的水中訓練是在練力量，而非技術。

優質游泳技術的定義是：用更少的體力，換取更大的前進速度。但雙手相觸的游法比較耗體力，對加速也沒有幫助，但這項訓練還是有其價值。透過這個動作的解釋，主要想讓讀者了解不是所有的水中訓練動作（我把訓練動作統稱為「練法」）都是為了提升技術，有些是為了強化其他能力。如果你誤把所有的「練法」都當成技術，刻意用在自由式的訓練上，反而會失去動作的效率。

俯臥手腳支撐

訓練目的：俯臥手腳支撐是最接近游泳時手掌支撐體重身體必須維持定的姿勢，少了水中的浮力，不只手上的體重會更大，軀幹也必須同時負荷更大的力矩才能維持穩定。

訓練方式：

● 訓練一：單手支撐棒式，單手置於大腿側，維持姿勢30秒後換手。

● 訓練二：單手支撐棒式，單手平伸（目標是手臂平行地面，但如果關節活動度不足，只要抬到不會感到緊繃的最大高度即可），維持姿勢30秒後換手。

【圖 3·77】訓練一：單手支撐棒式，單手置於大腿側。

【圖 3·78】訓練二：單手支撐棒式，單手前伸。

● 訓練三：前交叉支撐，支撐手要保持高肘姿勢，雙手掌在額頭前方交叉，維

持姿勢30秒後換手。

● 訓練四：後交叉支撐，手掌支撐在胸口下方，維持姿勢30秒後換手。

● 訓練五：單手單腳支撐棒式，身體保持水平，維持姿勢30秒。

● 訓練六：雙手支撐棒式，雙腳在抗力球上先保持穩定，再模擬打水的動作，
雙腳打直上下擺動，持續30秒。

【圖3.79】訓練三：前交叉姿勢。

【圖3.80】訓練四：後交叉姿勢。

【圖3.81】訓練五：單手單腳棒式。

快速以小幅度打水
但上半身的姿勢要維持住

【圖3.82】訓練六：雙手棒式支撐，腳背支撐在
球上進行打水。

懸吊

訓練目的：強化背部的支撐力與穩定性，使打水的動作不會影響到支撐手的
水感。

訓練方式：

- 訓練一：先吊在單槓上，全身放鬆時肩膀會被往上拉，接著在手臂伸直的情況下，收緊肩胛骨，使軀幹上抬，維持1～2秒後放鬆，持續反覆30秒。
- 訓練二：在收緊肩胛骨的情況下，屈膝上抬到大腿與地面平行，停頓1秒之後放下雙腿，持續反覆30秒。
- 訓練三：同訓練二，但改成直膝上抬到與地面平行。注意，放腿時要慢，軀幹不能晃。
- 訓練四：雙手懸吊在單槓上，肩胛骨收緊，雙腿以微小的幅度快速擺動，模擬打水的動作，持續30秒。
- 訓練五：同訓練四，改成手肘呈九十度，打水的時候身體要保持穩定，晃動幅度愈小愈好。

收肩胛
軀幹上抬

【圖 3.83】訓練一：收緊肩胛骨，軀幹上抬。

【圖 3.84】訓練二：屈膝上抬。　【圖 3.85】訓練三：直膝上抬。

【圖 3.86】訓練四：肩胛收緊懸吊打水。　【圖 3.87】訓練五：手肘呈九十度懸吊打水。

• 訓練六：懸吊移動，雙手與肩同寬握在單槓上，上拉使身體維持在一特定高度（最容易的是單純懸吊，接著依序是收緊肩胛骨、上拉手肘九十度，最難的是下巴過槓）之後，手掌往側邊移動一個肩寬的距離，再移動回原始位置，在移動過程中頭頂離單槓的距離都一樣。如果移動過程中會聳肩，就要降低上拉的高度。

右手離開支撐

頭頂與單槓的距離必須始終保持一致

身體向右側移動

【圖3.88】訓練六：懸吊移動，移動過程中頭頂和單槓之間的距離必須始終保持一致。

4. 支撐力：強調上肢支撐的能力

上一節我們曾比喻軀幹好比挖土機的基底，「必須先有穩固的基底才能發揮怪手的力量」。所以想必你已明白：划手要有力必須先具備維持姿勢的穩定性，而且「可見力」與「不可見力」兩者之間需要互助，才能把重力轉化成推進身體前進的力量。

推進力來自於前伸手（移動支撐）支撐體重後失重加速的過程。也就是說，前伸手的支撐力要足夠，不然前面開發出來的活動度、穩定度以及各種技術都無法輸出成游進的速度。為了了解支撐力的重要性，在此再針對「浮力支撐」與「移動支撐」做仔細的說明。

游泳的浮力支撐 vs 移動支撐

「浮力（支撐的體重）＝身體排開的液重」沒錯，但這個公式是「結論」，要把公式背後的原理拆解開來，才容易明白浮力跟「姿勢」與「上/下表面積」之間的關係。

浸在液體中的物體，其實是受到四面八方液體的壓力，該壓力隨深度的增加而增大。上下兩面因為在液體中的深度不相同，所以受到的壓力強度也不相等，正因為這股壓力的差距而產生浮力。

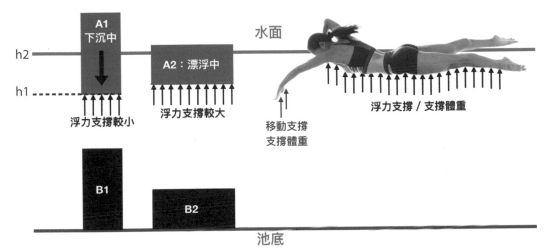

【圖 3.89】浮力支撐跟表面積與移動支撐（前伸手）之間的關係。

- 先假設有一長方體A2浮於水面上：
  - h1＝長方體低點
  - h2＝長方體高點
  - S＝上／下表面積相同
  - V＝SΔh＝沉入水中的體積
- F浮力＝F下表面−F上表面

  ＝ $\rho gs(h2-h1)$

  ＝ $\rho g(S\Delta h)$

  ＝ ρgV

- $\rho V＝m$

也就是說當物體或人體完全沉入水中時，不論身體姿勢，浮力等於身體排開的液體重量。

- 浮力＝ $\rho gV＝mg＝$ 物體或人體所排開的液體重量

因為 B1 與 B2 是兩個體積相同的沉體，所以排開的液體重量相同，因此兩者的

浮力也相等。但當物體或人體有部分體積浮在水面上時，因為上方出水面部位沒有液體壓力，所以浮力所支撐的體重（簡稱「浮力支撐」）就會跟物體下方的表面積有關。以圖 3·89 為例，A1 和 A2 是同一物體，在兩種「姿勢」下，A2 可以漂浮在水中，A1 卻會下沉，雖然下沉到一定比例後，仍可浮在水面上，但很不穩定，會趨向傾倒成 A2 姿勢，因為下面的表面積愈大，愈容易保持平衡，所以 A2 的姿勢相對比較穩定。

換句話說：人體在改變姿勢時，浮力的平衡會改變。

以圖 3·89 右上方的泳者來說，右手臂提起，部分身體出水，沉在水裡的體積忽然變小時，浮力也忽然變小，技巧優秀的泳者能把浮力支撐減少的體重「有效地轉移到前伸手上」。泳者就是利用提臂出水與轉肩的動作，巧妙地把體重轉移到前伸臂的手掌上，使手掌形成向前移動的支撐點（簡稱「移動支撐」）。

關於浮力支撐和移動支撐之間的關係，趴在地上的動作會比較好想像。人趴在地上時，全身的體重由「地面支撐」（類似趴在水中的浮力支撐），此時人很難移動，要增加移動效率必須把體重轉移到手上，像小朋友用手爬行的方式，比用身體在地面蠕動前進更有效率。

來到水中之後，浮力只是取代地面的角色去支撐身體的體重，但是水不穩定，所以把體重轉移到前伸手的難度會高很多。

技巧不好的人，在浮力減小時身體會下沉，因為沒有及時把浮力支撐減小的體重轉移到移動支撐上。這除了技巧之外，也需要有足夠的力量才能做到。

這裡的力量即是指以手掌為支點，去支撐自身部分體重的能力。這個能力非常重要，因為許多泳者提臂時身體會下沉或前伸手太早掉下去，絕大多數都是力量不足以支撐從浮力支撐轉移過來的體重所造成的結果。

想要強化支撐手的剛性，身體必須先具備前面「維持姿勢」的能力，支撐力才練得起來。比如說單手支撐維持俯臥撐的姿勢，如果維持該姿勢時身體會抖或是撐不了 30 秒，代表活動度或維持姿勢的能力還沒練起來。

下面選定的幾個關於自由式的支撐力訓練動作，必須在前面兩種能力都具備的情況下比較容易練出效果。

最重要的訓練動作：伏地挺身

訓練目的：泳者最常見的力量訓練動作是拉彈力繩，但這類「拉」的動作會誘使泳者習慣以軀幹為支撐點，手掌變成了移動部位。這跟前面強調「手掌不動／身體動」的移動原理相反。為了強化身體以手掌為支撐點的力量與動作模式，我選擇的動作都是以手掌為支點來移動身體，透過支撐位置的改變，除了讓身體習慣「手掌不動／身體動」的移動方式，也是為了訓練支撐鏈上的不同肌群。比如說，當手撐在頭前時會類似抓水，手臂與胸腹的支撐鏈會啟動，但當手掌移動到腹部下方時會類似推水時的姿勢，手臂上的體重會增加，背部肌群也需要更多參與。

訓練方式：伏地挺身的訓練動作最符合「手掌不動／身體動」的用力模式。下面會介紹各種變化式。在練這些動作時建議先從一下做起，適應後再逐漸增加到二～三下，最多增加到四下即可。

- 進行的順序如下：與肩同寬→雙手大於肩寬一個手掌→雙手大於肩寬三個手掌→雙手打到最開→雙手置於頭前→雙手置於腹部下方→左手置於頭前右手置於胸口側→右手置於頭前左手置於胸口側→左手置於頭前右手置於臀側→右手置於頭前左手置於臀側→雙手大拇指緊靠置於胸口下方→雙手手掌於胸口下方交疊→雙手交叉→十指支撐。
- 倒階：只要還無法完成一下，就改膝蓋著地或是雙手撐在牆上進行。
- 進階：肌肉適應後，所有的動作可在TRX或抗力球上進行。

與肩同寬

【圖3.90】與肩同寬：姿勢一。　【圖3.91】與肩同寬：姿勢二。

雙手大於肩寬一個手掌

【圖3.92】雙手大於肩寬一個手掌：姿勢一。　【圖3.93】雙手大於肩寬一個手掌：姿勢二。

雙手大於肩寬三個手掌

【圖3.94】雙手大於肩寬三個手掌：姿勢一。　【圖3.95】雙手大於肩寬三個手掌：姿勢二。

雙手打到最開

【圖 3.96】雙手打到最開：姿勢一。

【圖 3.97】雙手打到最開：姿勢二。

雙手置於頭前

【圖 3.98】雙手置於頭前：姿勢一。

【圖 3.99】雙手置於頭前：姿勢二。

雙手置於腹部下方

【圖 3.100】雙手置於腹部下方：姿勢一。

【圖 3.101】雙手置於腹部下方：姿勢二。

左手置於頭前右手置於胸口側

【圖3·102】左手置於頭前右手置於胸口側：姿勢一。

【圖3·103】左手置於頭前右手置於胸口側：姿勢二。

右手置於頭前左手置於臀側

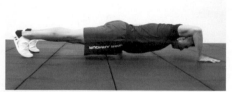

【圖3·104】右手置於頭前左手置於臀部外側：姿勢一。

【圖3·105】右手置於頭前左手置於臀部外側：姿勢二。

雙手大拇指緊靠置於胸口下方

【圖3·106】雙手大拇指緊靠置於胸口下方：姿勢一。

【圖3·107】雙手大拇指緊靠置於胸口下方：姿勢二。

雙手手掌於胸口下方交疊

【圖 3·108】雙手手掌於胸口下方交疊：姿勢一。

【圖 3·109】雙手手掌於胸口下方交疊：姿勢二。

雙手交叉

【圖 3·110】雙手交叉：姿勢一。

【圖 3·111】雙手交叉：姿勢二。

十指支撐

【圖 3·112】十指支撐：姿勢一。

【圖 3·113】十指支撐：姿勢二。

俯臥雙腳開合跳

訓練目的：訓練上半身在雙腳快速打水時仍有足夠的力量保持穩定支撐。

訓練方式：

- 訓練一：先以雙手支撐棒式保持穩定，進行雙腳開合跳，持續30秒，背部始終保持平直。
- 訓練二：同訓練一，改成單手進行。
- 訓練三：同訓練一，但改成雙腳跳上台階或跳箱。
- 訓練四：先以雙手倒立姿勢保持穩定，雙腳在牆上進行雙腳開合跳，持續30秒。

【圖 3‧114】訓練一：俯臥雙腳開合跳，雙手。

【圖 3‧115】訓練二：俯臥雙腳開合跳，單手。

【圖 3‧116】訓練三：俯臥雙腳開合跳，雙腳跳上台階或跳箱。

【圖 3‧117】訓練四：倒立雙腳開合跳。

太極拳划手

訓練目的：強化提臂時支撐手與軀幹的穩定性。這個動作是一個非常重要的訓練，關鍵在慢，從姿勢一到姿勢四之間來回往覆的過程中，要像打太極拳一樣，專心感受姿勢與體重上的改變。

訓練方式：單手棒式支撐，另一隻非支撐手模擬自由式提臂與轉肩的動作。

- 姿勢一：單手支撐棒式，另一隻手置於臀部外側，手肘微彎，模擬準備提臂出水的姿勢。

- 姿勢二：轉肩提臂，臀部會跟著轉，但幅度不要太大，專心感覺雙腳腳尖上的壓力，只要左右腳壓力平均就代表臀部轉動不大。

- 姿勢三：高肘提臂，一肩高、一肩低，手肘來到最高點，臀部會略微轉動，但幅度愈小愈好。

- 姿勢四：向前平伸，肩膀要往前推，類似入水延伸的動作，支撐手要來到高肘抱水的姿勢。

- 之後如同影片倒帶一樣，從向前平伸的姿勢回到高肘提臂，最後回到大腿外側。重複30秒後換手。

【圖 3·118】太極拳划手：姿勢一。

【圖 3·119】太極拳划手：姿勢二。

【圖 3·120】太極拳划手：姿勢三。

【圖 3·121】太極拳划手：姿勢四。

雙手登階

訓練目的：訓練以手當支撐點來移動身體。

訓練方式：

- 訓練一：先在台階後方以棒式支撐，右手離地後放上台階，接著把體重轉移到右手，轉移體重的過程中，右手肘保持高肘微彎的姿勢，當右手完全承接住體重之後，左手再上台階，把體重轉移到左手，撐穩之後右手下台階，回到地面。手在台階上時，始終保持高肘姿勢。
- 訓練二：同訓練一，但改成從左右兩邊上下台階。

【圖3‧122】訓練一：上抬階。　　【圖3‧123】訓練一：下抬階。

【圖3‧124】訓練二：上抬階。　【圖3‧125】訓練二：雙手皆支　【圖3‧126】訓練二：下抬階。
　　　　　　　　　　　　　撐在抬階上。

5. 轉換支撐：強化轉肩與提臂的能力

　　正確的技術知覺是「加速游時動作要像慢游一樣優雅」，不管游多快，對泳者本身的知覺而言都要像在慢游，而這些轉肩與提臂的力量訓練的目的不只是在練肌力，更重要的是訓練身體在提臂與轉肩時，其他部位都能夠盡量穩定，這些都需要力量。

　　這一類動作不只在練轉肩與提臂的能力，也是強化手臂接住身體落下時重量忽然增加的能力。

划船動作

　　訓練目的：這動作雖然主要是在練提臂與轉肩的力量，但也同時是在強化提臂時軀幹的穩定性與支撐力。因為提臂與轉肩時，下方的支撐手與軀幹沒力量就會撐不住，不只會失去水感與推進力，也會加大水阻。所以必須把力量練起來，技術才會到位。

　　訓練方式：

* 訓練一：臀部先向後，軀幹打直，可略微前傾，在軀幹不動的情況下，手掌抓著彈力繩向後拉到靠近身體的位置，進階動作可改為單手。

【圖 3.127】訓練一：彈力帶雙手划船。

- 訓練二：同訓練一，改單手進行。

- 訓練三：先採取硬舉前勢，臀部向後頂，背打直。在軀幹不動的情況下，把手上的啞鈴往上拉，上拉時手臂必須盡量接近軀幹，手肘要拉到超過背部，使啞鈴可以接近腹部。

- 訓練四：同訓練三，改單手負重。

【圖 3‧128】訓練二：彈力帶單手划船。　【圖 3‧129】訓練三：啞鈴雙手划船。　【圖 3‧130】訓練四：啞鈴單手划船。

- 訓練五：伏地挺身負重划船，先採取伏地挺身的預備動作，單手把啞鈴上拉至與頭部相同高度的位置，再慢慢把啞鈴放回地面。

- 訓練六：伏地挺身負重提臂，模擬自由式的提臂動作，把啞鈴往上拉至超過頭部的高度，再慢慢把啞鈴放回地面。

【圖 3‧131】訓練五：伏地挺身負重划船。　【圖 3‧132】訓練六：伏地挺身負重提臂。

■ 提醒：在練伏地挺身啞鈴划船時，要去感受抬起手時另一隻手所新增加的「壓力」，這股壓力就是體重轉移到支撐手上的感覺。這兩個動作也是自由式中最重要的專項力量訓練之一，如果提臂時身體會晃動就必須回到前一類「維持姿勢」的訓練。只有當身體具備「維持姿勢」的能力之後，這個動作才會有品質，訓練效果才會出來。

接下來的兩類訓練都有雙手同時騰空的時間，落下的衝擊比較大，剛開始練習時最好在軟墊上進行。

用手接住落下中的身體

訓練目的：強化手臂接住身體失重落下時重量忽然增加的能力。

訓練方法：先從開合跳與伏地挺身擊掌的雙臂動作開始，為換手支撐的單臂動作做準備。下面所有的動作都不能用手掌刻意推地。方法是利用失重技巧，臀部快速向上頂，此時雙手會被帶離地面。

● 訓練一：以伏地挺身為預備姿，台階在頭前，利用失重技巧，雙手同時跳上台階。上去之後慢慢走下來，重複30秒。

● 訓練二：以伏地挺身為預備姿，先雙手支撐在台階上，跳下台階用雙手撐住忽然增加的重量。跳下來後再慢慢走上去，重複30秒。

【圖3‧133】訓練一：跳上台階。

【圖3‧134】訓練二：跳下台階。

- 訓練三：以伏地挺身為預備姿，手掌與肩同寬，利用失重離地後，手掌快速並攏同時在胸口中間落地，落地後很快離地，手掌再回到起始與肩同寬的位置。反覆來回進行手掌的開合跳，連續15秒。
- 訓練四：同訓練三，改成前後跳。失重離地後，右手快速往前移到額頭前方，左手移到腹部附近。

【圖3.135】訓練三：雙手開合跳。

【圖3.136】訓練四：雙手前後跳。

【圖3.137】訓練五：伏地挺身雙手擊掌。

- 訓練五：在伏地挺身的姿勢下，利用失重技巧手臂抽離地面擊掌，再回到雙肩下方準備接住自己的體重。
- 訓練六：方法同訓練五，不過先在胸口下方擺顆藥球，擊掌高度必須在藥球之上。這需要更高的失重技巧與支撐力量。

【圖3.138】訓練六：伏地挺身雙手在藥球上方擊掌。

俯臥棒式換手

訓練目的：學習在忽然失重時用另一隻手接住自己的體重。這項練習可以擴大換手時體重轉移的感覺，跟第二章的訓練同步進行，對水感的開發幫助很大。

訓練方法：

* 訓練一：以單手支撐的伏地挺身為預備姿，預備姿勢是另一隻手向前伸直、雙腳向後平伸，只用腳尖支撐，身體盡量維持水平。接著在手掌與腳尖位置都固定不變的前提下，平伸手先放下回到地面上之後，再提起原本的支撐手（兩手沒有同時騰空的時間）。透過訓練，逐漸縮短兩手同時停留在軟墊上的時間。

【圖 3.139】訓練一：俯臥棒式換手，先放下再拉起（兩手沒有同時騰空的時間）。

* 訓練二：改成先拉起再放下（兩手會同時騰空)。專注在快速拉起支撐手，等支撐手完全離開之後，再用另一隻手接住自己並快速回到穩定不動的狀態。你可以發現隨著重量在兩個手掌上轉換，身體為了保持平衡也會跟著轉動，但你必須盡量維持軀幹的

【圖 3.140】訓練二：俯臥棒式換手，先拉起再放下（兩手會同時騰空）。

平衡，如果無法保持穩定，請先以雙膝和腳尖同時著地的方式進行練習。這項訓練跟前一項的差別在於，有一瞬間雙手同時離開支撐。當力量和轉換支撐的技巧練起來後，非支撐手的起始高度可以再增加。

- 提醒：如果在地面上做不到拉起再放下，可以支撐在較高的軟墊上，或是撐在牆上進行訓練。

- 訓練三：單手支撐時，另一隻手先摸著對側的肩膀，感覺到支撐手的體重失去後，非支撐手才能離開肩膀換手支撐。專心在支撐手的上拉動作上，一落地就上拉，手掌的觸地時間愈短愈好。

【圖3.141】練習三：右手支撐，左手摸肩，保持軀幹穩定。

【圖3.142】練習三：專注在拉起右手去摸左肩，讓左手隨著重力被動落下。

【圖3.143】練習三：右手摸到左肩後才落地，一落地就快速使軀幹回到穩定狀態。

在練習先拉起再放下的俯臥棒式換手時，常見的錯誤是騰空手「太急於」主動往下壓，這是不對的，必須讓騰空手順著地心引力掉到地面上，再用它接住自己的身體。在雙手都騰空的落下階段，許多人只是用手掌快速下壓，肘和肩還懸在空中，分兩段落下，這是不對的。騰空手的肩膀、手臂、手掌必須同步落下，手掌不能急，一旦急於加速回到地面，到時下水游泳時就會主動用手臂壓水，而非透過提臂來創造轉換支撐。

如果騰空手會不自覺地主動向下，手掌離地時可以先不要拉太高。在水中游泳時也一樣，因為拉得愈高，支撐手的負荷愈大，而且如果核心和活動度不夠，身體也愈容易旋轉。所以雖然游泳時唯一的主動動作是提臂，但別太用力，上拉的高度要跟速度配合，速度愈慢，拉起的高度愈低。一開始支撐力還沒建立起來時，先別拉太高。

注釋：

1. 出自：1. Keele, K.D. Leonardo da Vinci's *Elements of the Science of Man*. Academic Press, 1983, pp.175.

2. 這個片段在《星際過客》這部電影的第 1 小時 18 分至 1 小時 20 分之間，如果無法了解上述說明的讀者，建議找來一看，會比較清楚重力、體重、支撐體重與移動之間的關係。

3. 資料來源出自：Movent, Gary Cook, p320

4. 資料來源出自：Movent, Gary Cook, p319

5. 蘇‧希茲曼（Sue Hitzmann）在《風靡全美的 MELT 零疼痛自療法》中提出的 4R 技術，分別是重新連結（reconnect）、重新平衡（rebalance）、再水合（rehydrate）、釋放（release）。

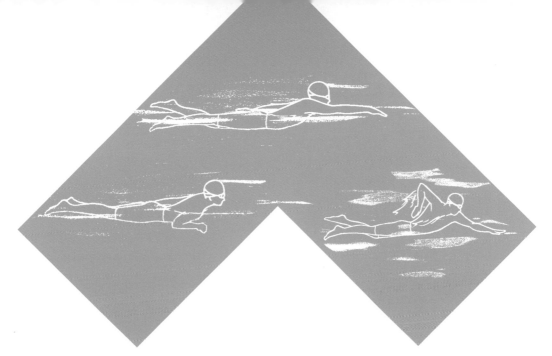

【第4章】科學化訓練課表

1. 訓練自己游得更快

如果你想游得「更好」，其實只要認真地把第一章與第二章的技術烙進腦中並依序練習書中提到的動作，再把第三章的關節活動度與力量訓練動作貫徹執行，就已經夠了。但如果想游得「更快」，你就必須再做一些額外的速度與耐力訓練。

先問自己想提升的是哪一種速度？你想在哪一種距離游得更快？是打破 50 公尺的個人最佳紀錄，還是想縮短 1500 公尺的個人最佳成績？這兩種距離的「快」法，在訓練課表的安排上是截然不同的。

加速與維持等速是兩種不同的能力

試想想：千萬跑車和家庭房車一樣都可以時速 100 公里行駛，為什麼價錢差這麼多？除了跑車可以跑得更快之外，另一項主要差別就是：加速能力（跑車的加速能力，在運動科學裡稱為「爆發力」〔power〕，也就是單位時間內快速輸出能量的能力）。跑車能夠在短短幾秒內達到時速 100 公里，房車可能要多出兩倍以上的時間！

對大部分的游泳愛好者來說，我們必須看重的是加速度，還是維持速度的能力呢？答案應該是後者。因為水中的阻力是空氣的八百多倍，瞬間加速的結果只會造成瞬間增加更大的阻力（回想一下第一章引用的公式，在水中速度加倍，阻力就增加四倍），因此加速所付出的能量一下就被水阻抵銷了。就算對短距離的衝刺選手

來說，他應該先具備的也是維持等速的能力，才能「保持」入水之後的速度，繼續以高速衝向終點。

假若我們把「耐力」定義為「維持某種游速的能力」，那麼維持 50 公尺的衝刺速度主要動用的是你的無氧引擎，連續等速游完 1500 公尺則是驅動有氧引擎，這兩具引擎的耐受力並不相同。

「速耐力」對游泳的重要性

在體能訓練上，一般稱高速維持能力的術語為「速耐力」（speed endurance）。速耐力顧名思義，結合了速度和耐力兩種要素，也就是身體對每一種速度能忍耐多久的時間。簡單來說，兩位活動度、穩定度與技巧相同的選手，用同樣的高速前進，誰能撐得愈久，代表速耐力愈好。

你的「每一種游進速度所能持續的時間當然都不同」，這句話的另一層含義是：「每種距離的最大泳速都不一樣」。下面以《流暢游泳》（Swim Smooth）其中一位作者保羅‧紐森（Paul Newsome）的數據為例，他當年計畫挑戰橫渡英吉利海峽（English Channel），正準備進行大量低強度的訓練，在長泳訓練之前，他先進行一次各項距離的測驗，成績如下 [1]：

【表 4.1】馬拉松長泳訓練開始之前，各項距離的測驗數據

距離	時間（hh:mm:ss）	泳速（mm:ss / 100m）
50m	27.2	00:54.4
100m	58.9	00:58.9
200m	2:08	01:04.0
400m	4:30	01:07.50
1000m	12:00	01:12.00
1500m	18:30	01:14.00

距離	時間（hh:mm:ss）	泳速（mm:ss / 100m）
5km	1:08:00	01:21.60
10km	2:36:00	01:33.60
20km	5:24:00	01:37.20

我們都看得出來，距離愈長，速度愈慢。不僅如此，在短距離項目，速度變化很大，但是當距離超過 400 公尺之後，速度變化會呈一定的比例緩慢遞減。用數學的語言來說，把測驗成績用距離對速度做圖時我們會得到一條曲線，這條曲線的切線斜率即為速度的變化率。衝刺型選手的曲線下降很快（藍曲線切線 1 的斜率較大）；長距離項目的選手則下降較為緩和（綠曲線切線 2 的斜率較小），但不管是哪一種類型的選手，當距離超過 400 公尺之後，切線的斜率都會趨緩。

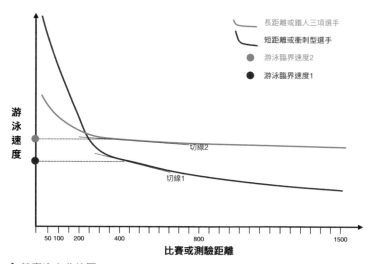

【圖 4‧1】競賽泳力曲線圖。

圖 4‧1 中，每一個距離都會對應一條切線，一開始切線的斜率很大（較陡峭），隨著距離增加，切線斜率愈來愈小（愈趨平緩），當切線斜率不再改變的那個點就

稱為「閾值點」（threshold）。閾值點在縱軸上所對應的速度即為該泳者的臨界速度。

　　紐森教練為了挑戰英吉利海峽，開始進行超長距離的訓練之後，他的曲線也逐漸從切線 1，轉變成較為平緩的切線 2。我們可以對比一下他進行耐力訓練前後的數據：

長泳訓練開始之前，各項距離的測驗數據			開始進行馬拉松長泳訓練之後的成績		
距離	時間 （hh:mm:ss）	泳速 （mm:ss / 100m）	距離	時間 （hh:mm:ss）	泳速 （mm:ss / 100m）
50m	0:00:27.200	00:54.4	50m	0:00:29.500	00:59.00
100m	0:00:58.900	00:58.9	100m	0:01:02.100	01:02.10
200m	0:02:08	01:04.0	200m	0:02:10	01:05.00
400m	0:04:30	01:07.50	400m	0:04:30	01:07.50
1000m	0:12:00	01:12.00	1000m	0:11:55	01:11.50
1500m	0:18:30	01:14.00	1500m	0:18:08	01:12.53
5km	1:08:00	01:21.60	5km	1:05:00	01:18.00
10km	2:36:00	01:33.60	10km	2:16:00	01:21.00
20km	5:24:00	01:37.20	20km	4:41:00	01:24.00

2. 游泳臨界速度

在游泳的科學化訓練中，強度的閾值點稱為「游泳臨界速度」（critical swim speed，簡稱 CSS）。如果你熟悉自行車功率訓練，CSS 就類似於考根與艾倫博士（Coogan and Allen）在《用功率計來訓練和比賽》（*Training and Racing with Power Meter*）一書中提出的「閾值功率」（FTP）概念，也等同於丹尼爾博士（Jack Daniels）在《丹尼爾博士跑步方程式》（*Daniels' Running Formula*）一書中提到的「T 配速」（T-pace）。它們都是一種幫助我們評估自己當前實力與訓練強度的指標。

身體儲存的能量要經過「代謝」才能讓我們運動，代謝的方式可分為兩類，需要氧氣的稱為「有氧代謝」，不需要氧氣的稱為「無氧代謝」。前者的好處是主要以燃燒脂肪為主，但是產能的速度比較慢，所以你要游很快時，能量供給不夠快，身體會自動切換到以無氧代謝為主的模式。但無氧代謝會產生許多酸性副產物（乳酸就是最有名的副產物之一），若累積太多在肌肉裡，你的肌肉會有「痠脹感」，此時身體為了排除這種負面效應，會自動使心率和脈搏加快，以提高血液流速，目的是快點把這些酸性物質帶到肝臟和其他肌肉去代謝。

慢游時身體雖然以有氧代謝為主，但無氧代謝一樣會進行，只是比例極低，所以酸性物質一產生就會直接在肌肉端被代謝掉，不需要被運到其他地方，因此訓練強度較低時，心率不會提升。所以不管速度如何，產生能量的途徑不會是全有氧或全無氧，只是比例高低不同而已。

不論是自行車用的「FTP」、跑步用的「T-pace」，或是游泳用的「CSS」，這

些名詞都是代表身體「有氧代謝」與「無氧代謝」之間的平衡點，此時身體裡因無氧代謝所產生的酸性物質達到飽和，再加速就會超過界線。也就是說在 CSS 的強度以下，身體會以有氧代謝為主來產生能量，但當強度大於 CSS，身體則以無氧代謝為主（有氧代謝仍繼續運作，只是比例大幅下降）。

大於 CSS 泳速時，身體的疲勞會快速累積，速度也會跟著下滑。反之，當速度低於 CSS 時，姿勢與技術動作都比較容易保持，身體也不容易疲勞，所以速度不容易掉下來。所以只要 CSS 進步了，除了 50 或 100 公尺這種短距離項目之外，大部分距離的成績都會跟著一起提升，尤其是 400 公尺以上的長距離項目，就算是超鐵的 3800 公尺成績也有很大的幫助，所以針對 CSS 泳速的訓練就變得非常重要。

如何找到自己的 CSS，方法有很多，最常見的方式是利用 400 與 200 公尺的測驗成績來計算：

$$CSS(m/sec) = \frac{100\ 200}{T400 - T200}$$

T400 與 T200 分別是指 400 公尺和 200 公尺的計時測驗成績換算成秒數後的數值。我們以紐森教練的數據為範例來計算：

馬拉松長泳訓練開始之前			開始進行馬拉松長泳訓練之後		
距離	時間（hh:mm:ss）	換算成秒數	距離	時間（hh:mm:ss）	換算成秒數
200m	0:02:08	128 秒	200m	0:02:10	130 秒
400m	0:04:30	270 秒	400m	0:04:30	270 秒
CSS	1.408 m/sec = 1:11 /100m		CSS	1.429 m/sec = 1:10 /100m	

也就是說紐森教練的 CSS 泳速，在長距離訓練之前，是每百公尺泳速 1 分 11 秒（1:11 /100m），為了挑戰泳渡英吉利海峽努力訓練更長的距離，但 CSS 卻幾乎沒變，只快了一秒，變成 1:10 /100m，而且他用這個速度可以游將近 1000 公尺，

這代表他的耐力很好。原本能游 1000 公尺的泳速，已經可以延長到 1500 公尺了。

　　從這樣的計算來看，紐森教練的 CSS 幾乎沒進步，但他的 1500 公尺實際進步了 22 秒，5000 公尺進步了 3 分鐘，10 公里長泳進步了 20 分鐘，20 公里進步更可怕，多達 43 分鐘。雖然 CSS 和短距離的速度都沒有提升（50 和 100 公尺的成績反而退步了），但耐力卻大幅進步了。

　　因此，上述這種計算方式雖然很簡單，也有很多人採用，但許多情況會失準，所以我不建議直接這樣計算，而是採取另一種方式來檢測實力。方法是先確認「泳力」，再用泳力來對應泳速區間，而 CSS 被我定義在泳速 3.5 區。方法與思路如下。

3. 泳力表：確認適合自己訓練的泳速區間

泳力表的設計原由與思路

我在翻譯《丹尼爾博士跑步方程式》時就覺得書中「跑力表」（VDOT）的概念很直覺，也很容易幫助跑者確認自己的實力與配速區間。因此撰寫本書時，建立「泳力表」一直是我的首要工作。

這個泳力表如何建立的呢？最先嘗試的方法是大量蒐集運動員的比賽數據，試著找出其間的關係，但每個人的比賽成績不見得是最佳表現，而且有些不同距離的成績間隔一年以上，所以雖然有眾多游泳選手的數據，還是沒有用。

後來在吳志銘老師的幫助下認識了「FINA 泳分」（FINA point scoring）。它是一個世界公認的游泳成績評量準則，由「國際游泳總會」（Fédération internationale de natation，簡稱 FINA）所創。透過 FINA 泳分我們不只可以比較不同距離與長短池的比賽成績，也可以比較不同專項（蝶式、仰式、蛙式、混合式）的成績。

FINA 網站上的泳分表每年都會依據新的世界紀錄進行更新，我研究一段時間之後發現了一個明顯的規律，不同距離間的成績都會依當前世界紀錄的比例而改變，比如在二〇一八年的 FINA 泳分表中（50 公尺長池版本），男子自由式 1500 公尺

成績 0:15:00.15 的分數是 906 分,其他項目的對應成績如下表:

【表 4·2】2018 年男子 FINA 分數 906 之各項距離成績、速度與其跟 1500m 泳速之間的關係

| 距離 | 千五 | 八百 | 四百 | 兩百 | 一百 | 五十 |
	1500 m	800 m	400 m	200 m	100 m	50 m
成績 (2018 年長池)	0:15:00.150	0:07:47.240	0:03:47.430	0:01:45.410	0:00:48.470	0:00:21.610
	900.15 s	467.24 s	227.43 s	105.41 s	48.47 s	21.61 s
速度	1.666 m/s	1.712 m/s	1.759 m/s	1.897 m/s	2.063 m/s	2.314 m/s
跟 1500m 速度之間的百分比關係	100.00%	102.75%	105.54%	113.86%	123.81%	138.85%

　　最後一列「跟 1500m 速度之間的百分比關係」是把所有距離的速度拿來跟 1500 相除,所以 1500 是 100%,距離愈短,速度愈快,百分比也愈高,我發現一個有趣的現象:不管比較的是不同年代的世界紀錄或長短池的成績,這六個百分比都非常接近,上下變動的幅度很小。

　　比如說,我們拿當前(二〇一九年)「長池」的世界紀錄和十四年前(二〇〇五年)的「短池」相比:

【表 4·3】【2019 年長池】男子之各項距離成績、速度與其跟 1500m 泳速之間的關係

距離	1500 m	800 m	400 m	200 m	100 m	50 m
成績 (2019 年長池)	0:14:31.020	0:07:32.120	0:03:40.070	0:01:42.000	0:00:46.910	0:00:20.910
	871.02 s	452.12 s	220.07 s	102 s	46.91 s	20.91 s
速度	1.722 m/s	1.769 m/s	1.818 m/s	1.961 m/s	2.132 m/s	2.391 m/s
跟 1500m 速度之間的百分比關係	100.00%	102.75%	105.54%	113.86%	123.79%	138.85%

【表 4·4】【2005 年短池】男子之各項距離成績、速度與其跟 1500m 泳速之間的關係

距離	1500 m	800 m	400 m	200 m	100 m	50 m
成績 （2005 年短池）	0:14:10.100	0:07:23.420	0:03:34.580	0:01:40.830	0:00:44.940	0:00:20.300
	850.1 s	443.42 s	214.58 s	100.83 s	44.94 s	20.3 s
速度	1.764 m/s	1.804 m/s	1.864 m/s	1.984 m/s	2.225 m/s	2.463 m/s
跟 1500m 速度之間的百分比關係	100.00%	102.25%	105.65%	112.41%	126.11%	139.59%

　　我們可以看到，兩者的百分比相當接近。而且不論拿哪一個時期的世界紀錄來比較，所得到的結果幾乎一樣。唯一差距較明顯的是男女之間短距離的衝刺能力，下面我們以二〇一九年長池的女子世界紀錄為例：

【表 4·5】【2019 年長池】女子之各項距離成績、速度與其跟 1500m 泳速之間的關係

距離	1500 m	800 m	400 m	200 m	100 m	50 m
成績 （2019 年長池）	0:15:25.480	0:08:04.790	0:03:56.460	0:01:52.980	0:00:51.710	0:00:23.730
	925.48 s	484.79 s	236.46 s	112.98 s	51.71 s	23.73 s
速度	1.621 m/s	1.65 m/s	1.692 m/s	1.77 m/s	1.934 m/s	2.107 m/s
跟 1500m 速度之間的百分比關係	100.00%	101.82%	104.37%	109.22%	119.32%	130.00%

　　400 公尺以上距離的差距不大，但中短距離項目就可以看出明顯的落差。男子近年來的 50 公尺成績都在 1500 公尺泳速的 137 ～ 139.6% 之間，但女子大都落在 130 ～ 133% 之間。可見女子在長距離與短距離項目的速度表現上，落差比男子小。在跑步項目反而沒有明顯的男女差別（所以丹尼爾斯博士的跑力表才不分男女，只有一個版本），我認為主因是游泳的水阻比空氣阻力大，所以在短距離衝刺

下必須要有更強的力量才足以維持姿勢與技術。

因此，我決定把泳力表中的競賽／測驗成績對照表分成男女兩個版本。在設計泳力表時，我以 1500 公尺作為基準，每隔 30 秒跳一級泳力。泳力八十五最高，如果對照目前世界紀錄的水準，男子所對應的是泳力八十四，女子則是泳力八十二。

50 和 100 公尺的成績因為要更精準，所以計算到小數第二位，以「分分：秒秒.00」表示，其他距離則只呈現「分分：秒秒」，以方便查看。

男子泳力表

【表 4.6】男子泳力表：不同距離的自由式相應成績

泳力	1500m	800 m	400 m	200 m	100 m	50 m	泳力
1	56:00	29:04	14:09	06:33	03:00.95	01:20.66	1
2	55:30	28:48	14:01	06:30	02:59.34	01:19.94	2
3	55:00	28:33	13:54	06:26	02:57.72	01:19.22	3
4	54:30	28:17	13:46	06:23	02:56.10	01:18.50	4
5	54:00	28:02	13:39	06:19	02:54.49	01:17.78	5
6	53:30	27:46	13:31	06:16	02:52.87	01:17.06	6
7	53:00	27:31	13:23	06:12	02:51.26	01:16.34	7
8	52:30	27:15	13:16	06:09	02:49.64	01:15.62	8
9	52:00	26:59	13:08	06:05	02:48.03	01:14.90	9
10	51:30	26:44	13:01	06:02	02:46.41	01:14.18	10
11	51:00	26:28	12:53	05:58	02:44.80	01:13.46	11
12	50:30	26:13	12:46	05:55	02:43.18	01:12.74	12
13	50:00	25:57	12:38	05:51	02:41.56	01:12.02	13

泳力	1500m	800 m	400 m	200 m	100 m	50 m	泳力
14	49:30	25:42	12:30	05:48	02:39.95	01:11.30	14
15	49:00	25:26	12:23	05:44	02:38.33	01:10.58	15
16	48:30	25:10	12:15	05:41	02:36.72	01:09.86	16
17	48:00	24:55	12:08	05:37	02:35.10	01:09.14	17
18	47:30	24:39	12:00	05:34	02:33.49	01:08.42	18
19	4/:00	24:24	11:53	05:30	02:31.87	01:07.70	19
20	46:30	24:08	11:45	05:27	02:30.25	01:06.98	20
21	46:00	23:53	11:37	05:23	02:28.64	01:06.26	21
22	45:30	23:37	11:30	05:20	02:27.02	01:05.54	22
23	45:00	23:21	11:22	05:16	02:25.41	01:04.82	23
24	44:30	23:06	11:15	05:13	02:23.79	01:04.10	24
25	44:00	22:50	11:07	05:09	02:22.18	01:03.38	25
26	43:30	22:35	10:59	05:06	02:20.56	01:02.66	26
27	43:00	22:19	10:52	05:02	02:18.94	01:01.94	27
28	42:30	22:04	10:44	04:59	02:17.33	01:01.22	28
29	42:00	21:48	10:37	04:55	02:15.71	01:00.50	29
30	41:30	21:32	10:29	04:52	02:14.10	00:59.78	30
31	41:00	21:17	10:22	04:48	02:12.48	00:59.06	31
32	40:30	21:01	10:14	04:45	02:10.87	00:58.34	32
33	40:00	20:46	10:06	04:41	02:09.25	00:57.62	33
34	39:30	20:30	09:59	04:38	02:07.64	00:56.90	34
35	39:00	20:15	09:51	04:34	02:06.02	00:56.18	35
36	38:30	19:59	09:44	04:31	02:04.40	00:55.46	36
37	38:00	19:43	09:36	04:27	02:02.79	00:54.74	37
38	37:30	19:28	09:29	04:23	02:01.17	00:54.02	38

泳力	1500m	800 m	400 m	200 m	100 m	50 m	泳力
39	37:00	19:12	09:21	04:20	01:59.56	00:53.29	39
40	36:30	18:57	09:13	04:16	01:57.94	00:52.57	40
41	36:00	18:41	09:06	04:13	01:56.33	00:51.85	41
42	35:30	18:26	08:58	04:09	01:54.71	00:51.13	42
43	35:00	18:10	08:51	04:06	01:53.09	00:50.41	43
44	34:30	17:54	08:43	04:02	01:51.48	00:49.69	44
45	34:00	17:39	08:35	03:59	01:49.86	00:48.97	45
46	33:30	17:23	08:28	03:55	01:48.25	00:48.25	46
47	33:00	17:08	08:20	03:52	01:46.63	00:47.53	47
48	32:30	16:52	08:13	03:48	01:45.02	00:46.81	48
49	32:00	16:37	08:05	03:45	01:43.40	00:46.09	49
50	31:30	16:21	07:58	03:41	01:41.79	00:45.37	50
51	31:00	16:05	07:50	03:38	01:40.17	00:44.65	51
52	30:30	15:50	07:42	03:34	01:38.55	00:43.93	52
53	30:00	15:34	07:35	03:31	01:36.94	00:43.21	53
54	29:30	15:19	07:27	03:27	01:35.32	00:42.49	54
55	29:00	15:03	07:20	03:24	01:33.71	00:41.77	55
56	28:30	14:48	07:12	03:20	01:32.09	00:41.05	56
57	28:00	14:32	07:04	03:17	01:30.48	00:40.33	57
58	27:30	14:16	06:57	03:13	01:28.86	00:39.61	58
59	2/:00	14:01	06:49	03:10	01:27.24	00:38.89	59
60	26:30	13:45	06:42	03:06	01:25.63	00:38.17	60
61	26:00	13:30	06:34	03:03	01:24.01	00:37.45	61
62	25:30	13:14	06:27	02:59	01:22.40	00:36.73	62
63	25:00	12:59	06:19	02:56	01:20.78	00:36.01	63

泳力	1500m	800 m	400 m	200 m	100 m	50 m	泳力
64	24:30	12:43	06:11	02:52	01:19.17	00:35.29	64
65	24:00	12:27	06:04	02:49	01:17.55	00:34.57	65
66	23:30	12:12	05:56	02:45	01:15.94	00:33.85	66
67	23:00	11:56	05:49	02:42	01:14.32	00:33.13	67
68	22:30	11:41	05:41	02:38	01:12.70	00:32.41	68
69	22:00	11:25	05:34	02:35	01:11.09	00:31.69	69
70	21:30	11:10	05:26	02:31	01:09.47	00:30.97	70
71	21:00	10:54	05:18	02:28	01:07.86	00:30.25	71
72	20:30	10:38	05:11	02:24	01:06.24	00:29.53	72
73	20:00	10:23	05:03	02:21	01:04.63	00:28.81	73
74	19:30	10:07	04:56	02:17	01:03.01	00:28.09	74
75	19:00	09:52	04:48	02:13	01:01.39	00:27.37	75
76	18:30	09:36	04:40	02:10	00:59.78	00:26.65	76
77	18:00	09:21	04:33	02:06	00:58.16	00:25.93	77
78	17.30	09:05	04:25	02:03	00:56.55	00:25.21	78
79	17:00	08:49	04:18	01:59	00:54.93	00:24.49	79
80	16:30	08:34	04:10	01:56	00:53.32	00:23.77	80
81	16:00	08:18	04:03	01:52	00:51.70	00:23.05	81
82	15:30	08:03	03:55	01:49	00:50.08	00:22.33	82
83	15:00	07:47	03:47	01:45	00:48.47	00:21.61	83
84	14:30	07:32	03:40	01:42	00:46.85	00:20.89	84
85	14:00	07:16	03:32	01:38	00:45.24	00:20.17	85

女子泳力表

【表 4·7】 女子泳力表：不同距離的自由式相應成績

泳力	1500m	800 m	400 m	200 m	100 m	50 m	泳力
1	56:00	29:20	14:18	06:50	03:07.73	01:26.15	1
2	55:30	29:04	14:11	06:47	03:06.05	01:25.38	2
3	55:00	28:49	14:03	06:43	03:04.38	01:24.62	3
4	54:30	28:33	13:55	06:39	03:02.70	01:23.85	4
5	54:00	28:17	13:48	06:36	03:01.03	01:23.08	5
6	53:30	28:01	13:40	06:32	02:59.35	01:22.31	6
7	53:00	27:46	13:32	06:28	02:57.67	01:21.54	7
8	52:30	27:30	13:25	06:25	02:56.00	01:20.77	8
9	52:00	27:14	13:17	06:21	02:54.32	01:20.00	9
10	51:30	26:59	13:09	06:17	02:52.64	01:19.23	10
11	51:00	26:43	13:02	06:14	02:50.97	01:18.46	11
12	50:30	26:27	12:54	06:10	02:49.29	01:17.69	12
13	50:00	26:11	12:47	06:06	02:47.62	01:16.92	13
14	49:30	25:56	12:39	06:03	02:45.94	01:16.15	14
15	49:00	25:40	12:31	05:59	02:44.26	01:15.38	15
16	48:30	25:24	12:24	05:55	02:42.59	01:14.62	16
17	48:00	25:09	12:16	05:52	02:40.91	01:13.85	17
18	47:30	24:53	12:08	05:48	02:39.24	01:13.08	18
19	47:00	24:37	12:01	05:44	02:37.56	01:12.31	19
20	46:30	24:21	11:53	05:41	02:35.88	01:11.54	20
21	46:00	24:06	11:45	05:37	02:34.21	01:10.77	21
22	45:30	23:50	11:38	05:33	02:32.53	01:10.00	22
23	45:00	23:34	11:30	05:30	02:30.85	01:09.23	23

泳力	1500m	800 m	400 m	200 m	100 m	50 m	泳力
24	44:30	23:19	11:22	05:26	02:29.18	01:08.46	24
25	44:00	23:03	11:15	05:22	02:27.50	01:07.69	25
26	43:30	22:47	11:07	05:19	02:25.83	01:06.92	26
27	43:00	22:31	10:59	05:15	02:24.15	01:06.15	27
28	42:30	22:16	10:52	05:11	02:22.47	01:05.38	28
29	42:00	22:00	10:44	05:08	02:20.80	01:04.62	29
30	41:30	21:44	10:36	05:04	02:19.12	01:03.85	30
31	41:00	21:29	10:29	05:00	02:17.45	01:03.08	31
32	40:30	21:13	10:21	04:57	02:15.77	01:02.31	32
33	40:00	20:57	10:13	04:53	02:14.09	01:01.54	33
34	39:30	20:41	10:06	04:49	02:12.42	01:00.77	34
35	39:00	20:26	09:58	04:46	02:10.74	01:00.00	35
36	38:30	20:10	09:50	04:42	02:09.06	00:59.23	36
37	38:00	19:54	09:43	04:38	02:07.39	00:58.46	37
38	37:30	19:39	09:35	04:35	02:05.71	00:57.69	38
39	37:00	19:23	09:27	04:31	02:04.04	00:56.92	39
40	36:30	19:07	09:20	04:27	02:02.36	00:56.15	40
41	36:00	18:51	09:12	04:24	02:00.68	00:55.38	41
42	35:30	18:36	09:04	04:20	01:59.01	00:54.62	42
43	35:00	18:20	08:57	04:16	01:57.33	00:53.85	43
44	34:30	18:04	08:49	04:13	01:55.66	00:53.08	44
45	34:00	17:49	08:41	04:09	01:53.98	00:52.31	45
46	33:30	17:33	08:34	04:05	01:52.30	00:51.54	46
47	33:00	17:17	08:26	04:02	01:50.63	00:50.77	47
48	32:30	17:01	08:18	03:58	01:48.95	00:50.00	48

泳力	1500m	800 m	400 m	200 m	100 m	50 m	泳力
49	32:00	16:46	08:11	03:54	01:47.27	00:49.23	49
50	31:30	16:30	08:03	03:51	01:45.60	00:48.46	50
51	31:00	16:14	07:55	03:47	01:43.92	00:47.69	51
52	30:30	15:59	07:48	03:43	01:42.25	00:46.92	52
53	30:00	15:43	07:40	03:40	01:40.57	00:46.15	53
54	29:30	15:27	07:32	03:36	01:38.89	00:45.38	54
55	29:00	15:11	07:25	03:32	01:37.22	00:44.62	55
56	28:30	14:56	07:17	03:29	01:35.54	00:43.85	56
57	28:00	14:40	07:09	03:25	01:33.87	00:43.08	57
58	27:30	14:24	07:02	03:21	01:32.19	00:42.31	58
59	27:00	14:09	06:54	03:18	01:30.51	00:41.54	59
60	26:30	13:53	06:46	03:14	01:28.84	00:40.77	60
61	26:00	13:37	06:39	03:10	01:27.16	00:40.00	61
62	25:30	13:21	06:31	03:07	01:25.48	00:39.23	62
63	25:00	13:06	06:23	03:03	01:23.81	00:38.46	63
64	24:30	12:50	06:16	02:59	01:22.13	00:37.69	64
65	24:00	12:34	06:08	02:56	01:20.46	00:36.92	65
66	23:30	12:19	06:00	02:52	01:18.78	00:36.15	66
67	23:00	12:03	05:53	02:48	01:17.10	00:35.38	67
68	22:30	11:47	05:45	02:45	01:15.43	00:34.62	68
69	22:00	11:31	05:37	02:41	01:13.75	00:33.85	69
70	21:30	11:16	05:30	02:37	01:12.08	00:33.08	70
71	21:00	11:00	05:22	02:34	01:10.40	00:32.31	71
72	20:30	10:44	05:14	02:30	01:08.72	00:31.54	72
73	20:00	10:29	05:07	02:26	01:07.05	00:30.77	73

泳力	1500m	800 m	400 m	200 m	100 m	50 m	泳力
74	19:30	10:13	04:59	02:23	01:05.37	00:30.00	74
75	19:00	09:57	04:51	02:19	01:03.69	00:29.23	75
76	18:30	09:41	04:44	02:16	01:02.02	00:28.46	76
77	18:00	09:26	04:36	02:12	01:00.34	00:27.69	77
78	17:30	09:10	04:28	02:08	00:58.67	00:26.92	78
79	17:00	08:54	04:21	02:05	00:56.99	00:26.15	79
80	16:30	08:39	04:13	02:01	00:55.31	00:25.38	80
81	16:00	08:23	04:05	01:57	00:53.64	00:24.62	81
82	15:30	08:07	03:58	01:54	00:51.96	00:23.85	82
83	15:00	07:51	03:50	01:50	00:50.28	00:23.08	83
84	14:30	07:36	03:42	01:46	00:48.61	00:22.31	84
85	14:00	07:20	03:35	01:43	00:46.93	00:21.54	85

　　從這兩份表格中我們可以看出，同樣要練到 1500 公尺能游 30 分整的成績，女子的 100 公尺需要練到「01:40.57」才有機會，而男子則需要達到「01:36.94」的成績，也就是說女子在水中維持速度的耐力較佳。這從歷來世界紀錄的數據中也可觀察到，當距離拉長時，女子平均速度下降的比率都比男子低。同樣以二○一九年各項世界紀錄為例，如果我們以 100 公尺當作 100% 的基準線來看速度下降的比率，男子在 1500 公尺距離的泳速下降到 80.78%，女子則下降比較慢，只到 83.81%。

【表 4-8】【2019 年長池】男／女之各項距離成績、速度與其跟 100m 泳速之間的關係

	距離	1500m	800 m	400 m	200 m	100 m
男子	成績 （2019年長池）	0:14:31.020	0:07:32.120	0:03:40.070	0:01:42.000	0:00:46.910
	速度	1.722 m/s	1.769 m/s	1.818 m/s	1.961 m/s	2.132 m/s
	跟 100m 速度之間的百分比關係	80.78%	83.00%	85.26%	91.98%	100.00%
女子	成績 （2019年長池）	0:15:25.480	0:08:04.790	0:03:56.460	0:01:52.980	0:00:51.710
	速度	1.621 m/s	1.65 m/s	1.692 m/s	1.77 m/s	1.934 m/s
	跟 100m 速度之間的百分比關係	83.81%	85.33%	87.47%	91.54%	100.00%

泳力表的主要功能是用來找出自己的弱項

　　泳力表的主要功能不是用來預測成績，而是用來找出自己的弱項。因此在開始一個全新的週期化訓練前，最好能花一個星期的時間先針對上述的所有距離分天測驗。從測驗成績可以知道目前的實力是否均衡。舉例來說，假設泳者 A 每一項距離的測驗成績都剛好對到泳力 62，這代表他的實力均衡，訓練時也比較容易再進步。但大部分泳者的成績所對應的泳力都會上下波動，從波動的情況，可以分析出目前的缺點與確認未來訓練的方向。

【表 4-9】泳者 A：每一項距離的成績都剛好對應到泳力 62

距離	1500m	800 m	400 m	200 m	100 m	50 m
成績	25:30	13:14	06:27	02:59	01:22.40	00:36.73
速度	0.98 m/s	1.008 m/s	1.034 m/s	1.117 m/s	1.214 m/s	1.361 m/s

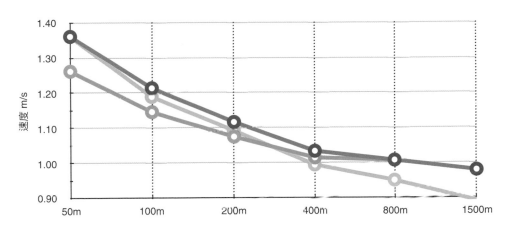

【圖 4.2】競賽泳力曲線圖。

我們可以思考一下，「每個距離的成績都對應到相同的泳力」（藍線）代表的意義為何？

它代表泳者 A 跟歷史上各個時期的世界紀錄，在不同距離項目上有著相同的速度遞減率，更深層的含義是泳者 A 能在不同的距離中有效地運用重力。加速的潛力受到重力的限制，所以泳者 A 若想提升 800 或 1500 公尺的速度，就必須在短距離項目中用手支撐更高比例的體重，如果做不到，中長距離的速度也會受到限制。

「速度，是耐力的基礎」（Speed is the base of endurance）。

這句話是羅曼諾夫博士在 Pose Method Level 2 教練培訓課程中一再強調的重點。不管泳者的體能水平有多高，如果短距離的速度沒有練上來，也無法有效運用身體裡的能量。有了體能之後你還需要相應的力量和技巧才能游出速度。所以「速度技巧」是關鍵。你可以把「速度技巧」想像成長距離（耐力）的鑰匙，1500 公尺想游得更快，100 公尺就要先到達一定的速度才辦得到。不同的千五成績需要的百米成績之鑰也不同。

以泳者 B 為例，他的 1500 公尺已經可以游到 25 分 30 秒（對應泳力 62），

如果他想進步到 25 分（對應泳力 63），100 公尺的成績至少要游到 1 分 20 秒 78 才有機會使 1500 公尺的成績打破 25 分，但他當前 100 公尺的最佳成績只有 1 分 27 秒 24（對應泳力 59），這是他能量被鎖住無法發揮的限制因子。如果泳者 B 不知道這一點，只是透過大量的 400 間歇、反覆的長泳來訓練，那他 1500 公尺的成績還是會止步不前。因為他千五的耐力表現，被百米的「速度」給鎖住了（當然，100 公尺的 PB 門鎖之鑰，也是來自相對更基礎的 50 公尺速度）。

這樣大家應該比較能明瞭「速度是耐力的基礎」這句話是什麼意思，換個方式說：當泳者完成短距離的速度愈快，對應完成長距離的時間就會跟著愈短，因為速度都是來自支撐點使用自身體重的比例，當你透過短距離開發出更大的體重運用能力後，其他距離的能力也會相應地提高。

對泳者 B 來說，訓練當前最重要的距離是 50 和 100 公尺，目標是先讓 100 公尺的最佳成績能夠達到 1 分 20 秒，之後再逐漸加長距離，速度就能逐漸轉化成長距離的耐力表現。1500 公尺要進步到 25 分也會水到渠成。

【表 4·10】 泳者 B：距離愈短，泳力愈低

距離	1500m	800 m	400 m	200 m	100 m	50 m
成績	25:30	13:14	06:34	03:06	01:27.24	00:39.61
泳力	62	62	61	60	59	58
速度	0.98 m/s	1.008 m/s	1.015 m/s	1.075 m/s	1.146 m/s	1.262 m/s

【表 4·11】 泳者 C：距離愈長，泳力愈低

距離	1500m	800 m	400 m	200 m	100 m	50 m
成績	28:00	14:01	06:42	03:03	01:24.01	00:36.73
泳力	57	59	60	61	61	62
速度	0.893 m/s	0.951 m/s	0.995 m/s	1.093 m/s	1.19 m/s	1.361 m/s

對泳者 C 來說，距離拉長後速度「下降」得很快，圖 4·2 中黃線低於藍線的意義是：他的速度隨著距離而下降的百分比大於「自然標準」（也就是自由式世界紀錄由長至短距離的速度衰退百分比）。

　　他的速度為何無法延續到長距離呢？主因大都出在「減少水阻」的泳姿不良，所以雖然可以運用更大比例的體重向前落下增加推進力，但水阻不良造成體能消耗過大。泳姿不良有可能是維持姿勢的力量不足，或是身體活動度不足、局部緊繃所造成的（改善方法與訓練動作在第三章中有詳細說明）。這從各項泳力的數據也看得出來，有助於教練或游泳愛好者自己去發現問題。

泳力表：泳速區間

　　前面已反覆重申：對游泳訓練來說，維持泳姿與動作的品質比操練體能來得重要。但很多時候我們在訓練時會身不由己，為了達到課表的時間要求，不得不犧牲動作以達成目標。所以，如果我們能先確認自己不同訓練距離的泳速，就可以避免這種「為了達到目標不得不超速而失去動作控制能力」的情況。

　　這並非代表每次訓練都不能超過 CSS 泳速，我們當然可以（也需要）進行速度訓練，只是不同間歇距離的速度容忍範圍有其極限，以前面提到的紐森教練來說，他在準備橫渡英吉利海峽的 CSS 是 1:11（/100m），百米的最佳成績介於 59 ～ 62 秒之間，你若要求他用 1:00（/100m）的泳速游百米十趟，他絕對負擔不了，可能第三趟之後泳姿就會走樣；但如果你要求他用 1:07（/100m）的泳速游百米間歇十趟，他就能確保動作的品質，因為 67 秒是他 400 公尺成績的平均泳速（/100m）。

　　所以確認各項距離的訓練強度區間變得至為關鍵。我把訓練強度分為六個區間，分別是：

強度區間	數字簡稱	主要的訓練模式與適用場景
1區泳速	Zone 1.0 ~ 2.0	該強度適合熱身、恢復日與高強度間歇訓練之間的緩游。主要是作為恢復與放鬆之用。
2區泳速	Zone 2.0 ~ 3.0	接近鐵人三項比賽時1.9~3.8公里的比賽強度，耐力優異的鐵人可用這一級泳速游完3.8公里。
3區泳速	Zone 3.0 ~ 4.0	主要是在訓練CSS，訓練模式可分為定速游與巡航間歇。間歇長度建議從200公尺開始，最長可以加到800公尺，在延長距離時泳速不變就代表CSS的耐力提升，那正是3區訓練的首要目標。
4區泳速	Zone 4.0 ~ 5.0	以間歇為主，單趟訓練長度建議為100與200公尺。
5區泳速	Zone 5.0 ~ 6.0	以間歇為主，單趟訓練長度建議為50與100公尺。
6區泳速	Zone 6.0 ~ 7.0	泳速接近100公尺衝刺的速度。該區訓練以間歇為主，單趟間歇長度建議為25與50公尺。

　　CSS 泳速位於第三區的中間（Zone 3.5），在此強度下，乳酸產生的量剛好等同於排除的量，當身體在這種強度的規律刺激下，游泳臨界速度（CSS）才會有效地向上提升。CSS 之所以稱為游泳臨界速度，正是因為它是我們可以維持一段較長距離的最大速度，但這段「較長距離」每個人不盡相同，剛接觸訓練的業餘鐵人三項選手一般都能用 CSS 的泳速游完 400 公尺以上，訓練有素的長距離選手則可以拉長到 800 ～ 1500 公尺。

　　所以在訓練時，我們會先提升 3 區泳速的「耐力」，以圖 4·3 來說就是使三角形中間的紅線變長。雖然此時的短距離速度還沒提升，但當「耐力」變扎實後（紅線變長、三角形基底變厚實之後），各項距離的進步也會變得相對容易。

　　1-2 區泳速是有氧區，此區強度練起來並不會讓你覺得喘，心率也相對較低，所以主要不是練心肺能力，而是使你肌肉端的有氧系統得到良好的適應，促進肌肉組織中的粒腺體與微血管增生，提高有氧濃度，以及強化你的有氧與技術耐力。從技術的角度來說，慢游時身體不容易平衡，下半身也特別容易下沉，所以過去教練常對我說「當你會慢游時，就代表你真正會游自由式了。」

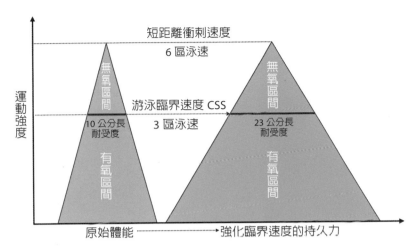

 内の図内テキスト:

短距離衝刺速度

6 區泳速

運動強度

無氧區間

游泳臨界速度 CSS

10 公分長耐受度

3 區泳速

23 公分長耐受度

有氧區間

有氧區間

無氧區間

原始體能 ———————→強化臨界速度的持久力

【圖 4.3】透過長距離訓練，雖然 CSS 沒有進步，但整體的耐力和長泳實力都會跟著提升。

　　4 區泳速是無氧耐力區，5 區泳速是最大攝氧區，6 區泳速即是爆發力衝刺區間，這三區都以「間歇訓練」的模式為主，要在力量和技術準備好的情況下訓練，效果會比較顯著，不然只是在練體能而已。透過間歇，使身心逐漸適應該泳速下的耐力，訓練的目的是在相同的泳速區間「愈練愈輕鬆」，所以不應一再去縮短間歇的休息時間，或無止盡地增加趟數，而是透過間歇去尋找能更輕鬆游到相同秒數的體感。比如說泳力 50 的男生，用 5 區泳速（1:44.3 ～ 1:47.5 /100m）進行八趟100 公尺的間歇訓練，第一次練會覺得痛苦，但幾週後會覺得變輕鬆了，此時不要急著加速、增加趟數或縮短休息時間，比較建議延長距離但泳速不變，例如改成六趟 150 公尺的間歇，速度一樣保持在 5 區。

　　在使用這個泳力表之前，還有幾點需要提醒：

- 泳速單位是每百公尺所需時間，如「1:53.2」是指每100公尺游1分53.2秒。
- 如果CSS是在25公尺短池測出來的，用該成績找出的泳力與泳速區間就只能用在短池的訓練上，如果用在50公尺長池的訓練會很吃力，效果會受限。

【表 4-12】泳力表：配速區間 （mm:ss /100m）

泳力	Zone 1.0	Zone 2.0	Zone 3.0	CSS Zone 3.5	Zone 4.0	Zone 5.0	Zone 6.0	Zone 7.0	泳力
1	04:45.2	03:54.6	03:30.6	03:26.0	03:21.5	03:11.1	03:05.4	02:56.5	1
2	04:42.6	03:52.5	03:28.8	03:24.1	03:19.7	03:09.4	03:03.7	02:55.0	2
3	04:40.1	03:50.4	03:26.9	03:22.3	03:17.9	03:07.7	03:02.1	02:53.4	3
4	04:37.5	03:48.4	03:25.0	03:20.4	03:16.1	03:06.0	03:00.4	02:51.8	4
5	04:35.0	03:46.3	03:23.1	03:18.6	03:14.3	03:04.3	02:58.7	02:50.2	5
6	04:32.4	03:44.2	03:21.2	03:16.8	03:12.5	03:02.6	02:57.1	02:48.7	6
7	04:29.9	03:42.1	03:19.4	03:14.9	03:10.7	03:00.9	02:55.4	02:47.1	7
8	04:27.4	03:40.0	03:17.5	03:13.1	03:08.9	02:59.2	02:53.8	02:45.5	8
9	04:24.8	03:37.9	03:15.6	03:11.2	03:07.1	02:57.4	02:52.1	02:43.9	9
10	04:22.3	03:35.8	03:13.7	03:09.4	03:05.3	02:55.7	02:50.5	02:42.4	10
11	04:19.7	03:33.7	03:11.8	03:07.6	03:03.5	02:54.0	02:48.8	02:40.8	11
12	04:17.2	03:31.6	03:10.0	03:05.7	03:01.7	02:52.3	02:47.2	02:39.2	12
13	04:14.6	03:29.5	03:08.1	03:03.9	02:59.9	02:50.6	02:45.5	02:37.6	13
14	04:12.1	03:27.4	03:06.2	03:02.1	02:58.1	02:48.9	02:43.8	02:36.0	14
15	04:09.5	03:25.3	03:04.3	03:00.2	02:56.3	02:47.2	02:42.2	02:34.5	15
16	04:07.0	03:23.2	03:02.4	02:58.4	02:54.5	02:45.5	02:40.5	02:32.9	16
17	04:04.4	03:21.1	03:00.5	02:56.5	02:52.7	02:43.8	02:38.9	02:31.3	17
18	04:01.9	03:19.0	02:58.7	02:54.7	02:50.9	02:42.1	02:37.2	02:29.7	18
19	03:59.3	03:16.9	02:56.8	02:52.9	02:49.1	02:40.4	02:35.6	02:28.2	19
20	03:56.8	03:14.8	02:54.9	02:51.0	02:47.3	02:38.7	02:33.9	02:26.6	20
21	03:54.3	03:12.7	02:53.0	02:49.2	02:45.5	02:37.0	02:32.3	02:25.0	21
22	03:51.7	03:10.6	02:51.1	02:47.3	02:43.7	02:35.3	02:30.6	02:23.4	22
23	03:49.2	03:08.5	02:49.3	02:45.5	02:41.9	02:33.6	02:29.0	02:21.9	23
24	03:46.6	03:06.5	02:47.4	02:43.7	02:40.1	02:31.9	02:27.3	02:20.3	24

泳力	Zone 1.0	Zone 2.0	Zone 3.0	CSS Zone 3.5	Zone 4.0	Zone 5.0	Zone 6.0	Zone 7.0	泳力
25	03:44.1	03:04.4	02:45.5	**02:41.8**	02:38.3	02:30.1	02:25.6	02:18.7	25
26	03:41.5	03:02.3	02:43.6	**02:40.0**	02:36.5	02:28.4	02:24.0	02:17.1	26
27	03:39.0	03:00.2	02:41.7	**02:38.1**	02:34.7	02:26.7	02:22.3	02:15.6	27
28	03:36.4	02:58.1	02:39.9	**02:36.3**	02:32.9	02:25.0	02:20.7	02:14.0	28
29	03:33.9	02:56.0	02:38.0	**02:34.5**	02:31.1	02:23.3	02:19.0	02:12.4	29
30	03:31.3	02:53.9	02:36.1	**02:32.6**	02:29.3	02:21.6	02:17.4	02:10.8	30
31	03:28.8	02:51.8	02:34.2	**02:30.8**	02:27.5	02:19.9	02:15.7	02:09.2	31
32	03:26.2	02:49.7	02:32.3	**02:29.0**	02:25.7	02:18.2	02:14.1	02:07.7	32
33	03:23.7	02:47.6	02:30.5	**02:27.1**	02:23.9	02:16.5	02:12.4	02:06.1	33
34	03:21.1	02:45.5	02:28.6	**02:25.3**	02:22.1	02:14.8	02:10.7	02:04.5	34
35	03:18.6	02:43.4	02:26.7	**02:23.4**	02:20.3	02:13.1	02:09.1	02:02.9	35
36	03:16.1	02:41.3	02:24.8	**02:21.6**	02:18.5	02:11.4	02:07.4	02:01.4	36
37	03:13.5	02:39.2	02:22.9	**02:19.8**	02:16.7	02:09.7	02:05.8	01:59.8	37
38	03:11.0	02:37.1	02:21.1	**02:17.9**	02:14.9	02:08.0	02:04.1	01:58.2	38
39	03:08.4	02:35.0	02:19.2	**02:16.1**	02:13.1	02:06.3	02:02.5	01:56.6	39
40	03:05.9	02:32.9	02:17.3	**02:14.2**	02:11.3	02:04.6	02:00.8	01:55.1	40
41	03:03.3	02:30.8	02:15.4	**02:12.4**	02:09.5	02:02.8	01:59.2	01:53.5	41
42	03:00.8	02:28.7	02:13.5	**02:10.6**	02:07.7	02:01.1	01:57.5	01:51.9	42
43	02:58.2	02:26.6	02:11.7	**02:08.7**	02:05.9	01:59.4	01:55.9	01:50.3	43
44	02:55.7	02:24.6	02:09.8	**02:06.9**	02:04.1	01:57.7	01:54.2	01:48.8	44
45	02:53.1	02:22.5	02:07.9	**02:05.0**	02:02.3	01:56.0	01:52.5	01:47.2	45
46	02:50.6	02:20.4	02:06.0	**02:03.2**	02:00.5	01:54.3	01:50.9	01:45.6	46
47	02:48.0	02:18.3	02:04.1	**02:01.4**	01:58.7	01:52.6	01:49.2	01:44.0	47
48	02:45.5	02:16.2	02:02.2	**01:59.5**	01:56.9	01:50.9	01:47.6	01:42.5	48
49	02:43.0	02:14.1	02:00.4	**01:57.7**	01:55.1	01:49.2	01:45.9	01:40.9	49

泳力	Zone 1.0	Zone 2.0	Zone 3.0	CSS Zone 3.5	Zone 4.0	Zone 5.0	Zone 6.0	Zone 7.0	泳力
50	02:40.4	02:12.0	01:58.5	**01:55.9**	01:53.3	01:47.5	01:44.3	01:39.3	50
51	02:37.9	02:09.9	01:56.6	**01:54.0**	01:51.5	01:45.8	01:42.6	01:37.7	51
52	02:35.3	02:07.8	01:54.7	**01:52.2**	01:49.7	01:44.1	01:41.0	01:36.1	52
53	02:32.8	02:05.7	01:52.8	**01:50.3**	01:47.9	01:42.4	01:39.3	01:34.6	53
54	02:30.2	02:03.6	01:51.0	**01:48.5**	01:46.1	01:40.7	01:37.6	01:33.0	54
55	02:27.7	02:01.5	01:49.1	**01:46.7**	01:44.3	01:39.0	01:36.0	01:31.4	55
56	02:25.1	01:59.4	01:47.2	**01:44.8**	01:42.5	01:37.3	01:34.3	01:29.8	56
57	02:22.6	01:57.3	01:45.3	**01:43.0**	01:40.7	01:35.5	01:32.7	01:28.3	57
58	02:20.0	01:55.2	01:43.4	**01:41.1**	01:38.9	01:33.8	01:31.0	01:26.7	58
59	02:17.5	01:53.1	01:41.6	**01:39.3**	01:37.1	01:32.1	01:29.4	01:25.1	59
60	02:14.9	01:51.0	01:39.7	**01:37.5**	01:35.3	01:30.4	01:27.7	01:23.5	60
61	02:12.4	01:48.9	01:37.8	**01:35.6**	01:33.5	01:28.7	01:26.1	01:22.0	61
62	02:09.9	01:46.8	01:35.9	**01:33.8**	01:31.7	01:27.0	01:24.4	01:20.4	62
63	02:07.3	01:44.7	01:34.0	**01:31.9**	01:29.9	01:25.3	01:22.8	01:18.8	63
64	02:04.8	01:42.7	01:32.2	**01:30.1**	01:28.1	01:23.6	01:21.1	01:17.2	64
65	02:02.2	01:40.6	01:30.3	**01:28.3**	01:26.3	01:21.9	01:19.4	01:15.7	65
66	01:59.7	01:38.5	01:28.4	**01:26.4**	01:24.6	01:20.2	01:17.8	01:14.1	66
67	01:57.1	01:36.4	01:26.5	**01:24.6**	01:22.8	01:18.5	01:16.1	01:12.5	67
68	01:54.6	01:34.3	01:24.6	**01:22.8**	01:21.0	01:16.8	01:14.5	01:10.9	68
69	01:52.0	01:32.2	01:22.8	**01:20.9**	01:19.2	01:15.1	01:12.8	01:09.4	69
70	01:49.5	01:30.1	01:20.9	**01:19.1**	01:17.4	01:13.4	01:11.2	01:07.8	70
71	01:46.9	01:28.0	01:19.0	**01:17.2**	01:15.6	01:11.7	01:09.5	01:06.2	71
72	01:44.4	01:25.9	01:17.1	**01:15.4**	01:13.8	01:10.0	01:07.9	01:04.6	72
73	01:41.8	01:23.8	01:15.2	**01:13.6**	01:12.0	01:08.2	01:06.2	01:03.0	73
74	01:39.3	01:21.7	01:13.3	**01:11.7**	01:10.2	01:06.5	01:04.5	01:01.5	74

泳力	Zone 1.0	Zone 2.0	Zone 3.0	CSS Zone 3.5	Zone 4.0	Zone 5.0	Zone 6.0	Zone 7.0	泳力
75	01:36.8	01:19.6	01:11.5	**01:09.9**	01:08.4	01:04.8	01:02.9	00:59.9	75
76	01:34.2	01:17.5	01:09.6	**01:08.0**	01:06.6	01:03.1	01:01.2	00:58.3	76
77	01:31.7	01:15.4	01.07.7	**01:06.2**	01:04.8	01:01.4	00:59.6	00:56.7	77
78	01:29.1	01:13.3	01:05.8	**01:04.4**	01:03.0	00:59.7	00:57.9	00:55.2	78
79	01:26.6	01:11.2	01:03.9	**01:02.5**	01:01.2	00:58.0	00:56.3	00:53.6	79
80	01:24.0	01:09.1	01:02.1	**01:00.7**	00:59.4	00:56.3	00:54.6	00:52.0	80
81	01:21.5	01:07.1	01:00.2	**00:58.8**	00:57.6	00:54.6	00:53.0	00:50.4	81
82	01:18.9	01:04.9	00:58.3	**00:57.0**	00:55.8	00:52.9	00:51.3	00:48.9	82
83	01:16.4	01:02.8	00:56.4	**00:55.2**	00:54.0	00:51.2	00:49.7	00:47.3	83
84	01:13.8	01:00.8	00:54.5	**00:53.3**	00:52.2	00:49.5	00:48.0	00:45.7	84
85	01:11.3	00:58.7	00:52.7	**00:51.5**	00:50.4	00:47.8	00:46.3	00:44.1	85

　　另一個問題是：該用哪一種距離的成績所對應的泳力來對應自己訓練時的泳速區間呢？

　　答案很簡單，以你目標賽事的距離為準。

　　也就是說，如果你想找到你的泳力與泳速區間，必須先進行測驗。不先測驗、沒有數據，就無法進行科學化訓練。所以測驗是最重要的第一步。對於初學者或時間有限的人，先測目標賽事的距離即可。如果是 1500 公尺以上的比賽（例如超鐵和半超鐵要游 1900 公尺與 3800 公尺，或是一些馬拉松長泳挑戰賽），直接進行 1500 公尺的測驗就夠了，一樣可以找到自己當前的泳力，測驗距離太長反而有可能造成身體額外的疲勞，並影響接下來的訓練。

　　但如果是進階泳者，我建議除了目標賽事的距離之外，最好再選一項小於比賽距離的項目，例如目標賽事 / 測驗的距離是 400 公尺，另一項就選 200 公尺。

　　泳力的對照以目標賽事的距離為主，另一項測驗只是為了確認自己的實力是否

均衡。不均衡的話必須先「補齊」到同一條泳力曲線，變成均衡型的實力之後，訓練起來才容易再進步。

4. 400公尺的訓練課表

現在你已經了解自由式的技術、力量的訓練理論與動作，也認識泳力表與個人化游泳配速的方法了，那要怎麼開始訓練呢？這是最多上課學員提出的問題，所以接下來我將用一份 400 公尺自由式的四週訓練課表為例，仔細說明這份課表裡的每一個元素、訓練流程與注意事項。

目前練過這份課表的人，在四週後是 100% 的進步。有些鐵人可能會懷疑「鐵人三項最短就是 1500 公尺，最長要游到 3800 公尺，練 400 公尺有什麼用？」我的回覆是：「這份課表是用來開發泳者的水感與力量，並非提升體能，鐵人們當然需要體能，但有了技術和力量，體能才能有效地發揮出來，轉化成運動表現。這份課表對你的體能負擔不大，所以它也無法訓練到體能。但過去的學員在練了這份課表後，不只 400 公尺的成績進步了，1500 公尺以上距離的成績也提升了，為什麼？因為技術與力量的提升，讓體能有了更好的發揮。」

訓練流程：熱身 → 主課表 → 緩和

主課表只是整份課表的其中一環，每次開始主課表的訓練之前都要經過完整的熱身，練完後也要有完整的緩和。「熱身」環節是發揮這份課表功效的關鍵因素，因為活動度的優化、力量和技術的發展都安排在這個環節裡。不能省略或跳過它，必須扎實地完成熱身環節裡的每一個流程。

【表 4·13】游泳課表訓練流程

	時間 / 距離	重複次數	描述	自覺強度 1~10
熱身	6 min	× 1	[陸上] 活動度訓練	N/A
	7 min	× 1	[陸上] 力量訓練	3~4
	50 m	× 4	[水中] 技術動作 25m→輕鬆游 25m	3~4
	50 m	× 4	[水中] 漸速游 25m→慢游 25m	3~4
	200 m	× 1	[水中] 以輕鬆的感覺慢游 200m，中間可以停下來，最後 50m 可以稍微加速到 CSS 的強度	3~6
主課表			[水中] 每次的主課表都會針對特定的強度區間進行訓練	5~8
緩和	100 m	× 2	[水中] 輕鬆游	1~3
	50 m	× 2	[水中] 技術動作 25m→輕鬆游 25m	1~3
	50 m	× 2	[水中] 輕鬆游	1~3

活動度的訓練需每天進行

在這四週當中，6 分鐘的活動度訓練課表需要每天練，包括休息日。

【表 4·14】熱身：活動度的訓練

次序	類別	動作名稱	時長（包含 5~10 秒換動作的時間）	組數	組數說明	器械
1	胸椎	貓牛式	0 分 30 秒	2	—	—
2	肩關節	抱頭伸臂轉手腕	0 分 30 秒	2	左右各 1 組	可選用拉力繩
3	胸椎	蟹式呼吸	0 分 30 秒	2	—	—
4	肩關節	靠牆壓肩	0 分 30 秒	2	左右各 1 組	—
5	胸椎	四足跪抱頭抬肘	0 分 30 秒	2	左右各 1 組	—
6	肩關節	繞臂	0 分 30 秒	2	—	可選用瑜伽繩
			總訓練時間	6 分 0 秒		

活動度的訓練動作很多，因時間有限，所以這邊設計的動作主要以第三章重整優化介紹的「肩關節」與「胸椎關節」為主，總共有六個動作，每隔 30 秒換一個動作（可以用手機協助計時提醒換動作的時間），每個動作重複兩組，若是單手動作要在第二組換手，連續做，總計 6 分鐘。

如果你在進行第三章的肩關節與胸椎關節的檢測時，發現低於下表「中等」的標準（也就是 3 分以下），一定要特別加強訓練，改以第三章中的 10 分鐘活動度優化課表為主（請參考第 142 ～ 143 頁）。因為如果這兩個關節的活動度不足，不只轉肩與提臂動作會受到限制，軀幹與打水的穩定度也會跟著下降，進而影響到你的耐力和推進力。

	極差 1	差 2	中等 3	優 4	極優 5
胸椎關節	< 45 度	45~60 度	60 度~70 度	70 度~80 度	> 80 度
肩關節	< -20 cm	-20~-10cm	-10~0cm	0~10 cm	> 10 cm
建議訓練天數	一週四練	一週三練	一週二練	進行表 4.14 的六分鐘活動度訓練即可	

- 1分者：一週四練
- 2分者：一週三練
- 3分者：一週二練

假如胸椎關節與肩關節的活動度皆不足 3 分，在時間充足的情況下，建議每天多騰出半小時來訓練（兩份課表總計是 20 分鐘，加上準備器材和轉換，大約需要 30 分鐘），但如果時間有限，建議優先選擇「胸椎活動度」課表，因為許多泳者轉肩的活動幅度不夠，大都是胸椎活動度不足造成的。胸椎要先打開，肩關節才打得開。

熱身的力量訓練動作與流程

　　熱身的第二個環節是力量。此時的訓練目的不在提升力量，只是為了接下來的技術知覺與水感開發做好準備，所以不要太拚命完成。

　　下列動作的安排是依照力量訓練的階層設計的，先喚醒身體負責穩定的核心肌群，接著再提醒身體準備面對以手掌為支點，讓大腦與身體都能準備好以前伸手來支撐體重，使整條支撐鏈能先啓動，再練習轉換支撐的動作，為水中的技術訓練做好準備。

【表 4.15】熱身：力量啟動訓練

次序	類別	動作名稱	時長 （包含 15 秒換動作的時間）	組數
1	穩定度	棒式：左手支撐、右手平伸	0 分 30 秒	1
2	穩定度	棒式：右手支撐、左手平伸	0 分 30 秒	1
3	穩定度	蟹式：左手支撐、右手繞臂	0 分 30 秒	1
4	穩定度	蟹式：右手支撐、左手繞臂	0 分 30 秒	1
5	穩定度	太極拳划手：左手支撐、右手提臂	0 分 30 秒	1
6	穩定度	太極拳划手：右手支撐、左手提臂	0 分 30 秒	1
7	支撐力	伏地挺身：支撐在肩膀下方	0 分 30 秒	1
8	支撐力	伏地挺身：打開一個手掌寬	0 分 30 秒	1
9	支撐力	伏地挺身：打開三個手掌寬	0 分 30 秒	1
10	支撐力	伏地挺身：左手在頭前、右手在胸腹之間	0 分 30 秒	1
11	支撐力	伏地挺身：右手在頭前、左手在胸腹之間	0 分 30 秒	1
12	支撐力	伏地挺身：雙手疊合在胸口下方	0 分 30 秒	1
13	轉換支撐	俯姿棒式換手 （先放下再拉起，兩手沒有同時騰空的時間）	0 分 30 秒	1
14	轉換支撐	俯姿棒式換手 （先拉起才放下，兩手有同時騰空的時間）	0 分 30 秒	1
			總訓練時間	7 分 0 秒

上述每一個動作的訓練時長都先以 15 秒開始，休息時間 15 秒，所以每一組的總訓時間為 1 分鐘。

如果伏地挺身無法做到 15 秒，過程中膝蓋可以著地，但支撐位置不變。

熱身的技術 50 公尺四趟

熱身環節中「技術訓練」的目的是為了讓你在進入主課表之前，能先掌握到水感與轉換支撐的時機。訓練的關鍵是要「輕鬆」，因為只要感覺到強度太大或有痠疼感，技術的知覺就不容易被啟動。每次訓練只選四個動作練習，直接從第一章與第二章的動作裡挑選，可以先挑簡單的，切記：練技術時強度不能太高，不能有太痠或太喘的感覺。練技術時只要覺得疲累或喘氣，效果就會打折扣。

如何挑選適合自己的技術動作呢？你可以先請朋友幫你拍下泳姿，如果現在下半身還是無法保持水平，可以先以第一章減少水阻的動作為主，但還是要練第二章陸上和水中搖櫓支撐的動作，同步提升水感。很多人下半身太沉是因為「以手掌支撐體重的知覺」尚未開發的緣故，當手上有感覺了，有力量了，下半身的重量自然就會向前轉移。

當然，如果你的身體在水中已可以輕鬆地保持水平，那就應該以第二章增加推進力的進階訓練動作為主。

挑好動作後，每個技術動作游進 25 公尺，結束後慢游 25 公尺，重複四組。

熱身的漸速游 50 公尺四趟

「漸速游」的目的是為了使你體會到「拉得愈高、落得愈遠」的感覺，速度慢時轉肩幅度小、提臂速度慢，加速時專注在加快提臂的速度與加大出水的幅度，但

同時要保持身體的水平，下半身不能沉。

　　每一趟的第一個 25 公尺先漸速游，意思是速度逐漸加快，最後 5 公尺要達到百米衝刺的比賽速度，接著再慢游 25 公尺，重複四組。

熱身的 200 公尺慢游一趟

　　熱身的最後一個環節是以輕鬆的感覺慢游 200 公尺，覺得累就再放慢一點，最後 50 公尺可以稍微加速，但不要游太快，最快不要超過你的 CSS 泳速，最終要以舒服的感覺結束熱身。

四週的主課表

　　開始訓練這份課表之前，必須先透過測驗認識自己當前的能力：

1. 400 公尺測驗成績
2. 200 公尺測驗成績
3. 確認目前的泳力

　　上述測驗都不能用之前的成績。每一次主課表的訓練中都會特別標註訓練強度是「泳速○區」，確認當前的泳力之後，才能運用前面提到的泳力表找到自己的泳速區間。測驗的泳池大小最好跟訓練時的一樣，找出來的泳速區間才會適合你當前的實力。

　　在前往泳池前，最好再確認一下當天課表的泳速區間。以 400 公尺測驗成績 7 分 58 秒的男生為例，他的泳力是 50，因此對他而言，週二的主課表是：

- 泳速5區 50m×3（泳力50的5區泳速為1:44.3～1:47.5 /100m，所以50m要游在52.1～53.7秒之間）

【表 4·16】 四週的主課表

Weeks	第一週	第二週	第三週	第四週
週一	休息日	休息日	休息日	休息日
週二	泳速 5 區 50m×3 泳速 4 區 100m×3 每趟之間全休	泳速 5 區 50m×4 泳速 4 區 100m×4 每趟之間全休	泳速 6 區 50m×5 泳速 5 區 100m×5 每趟之間全休	泳速 5 區 50m×3 泳速 4 區 100m×3 每趟之間全休
週三	泳速 2 區 800m×1 （記錄全程平均心率） 泳速 5 區 50m×5，全休	泳速 2 區 800m×1 （記錄全程平均心率） 泳速 5 區 50m×5，全休	泳速 2 區 800m×1 （記錄全程平均心率） 泳速 6 區 50m×5，全休	泳速 2 區 800m×1 （記錄全程平均心率） 泳速 5 區 50m×5，全休
週四	力量 訓練日	力量 訓練日	力量 訓練日	休息日
週五	泳速 3.5~4.5 區 200m×3 每趟之間全休	泳速 3.6~4.6 區 200m×4 每趟之間全休	泳速 3.7~4.7 區 200m×5 每趟之間全休	泳速 3.8~4.8 區 200m×3 每趟之間全休
週六	休息日 或 技術日	休息日 或 技術日	休息日 或 技術日	休息日
週日	泳速 2.5~3.5 區 400m×1	泳速 2.6~3.6 區 400m×2 每趟中間完全休息	泳速 2.7~3.7 區 400m×2 每趟中間完全休息	測驗日 1x400m（TT）

註：「泳速 5 區」是指泳速 5.0~6.0；「泳速 6 區」是指泳速 6.0~7.0。

● 泳速4區100m×3（泳力50的4區泳速為1:47.5～1:53.3 /100m）

　　確認好泳速或時間後，必須盡量游在區間內。如果太慢或太累，可以延長休息時間。這都是依據你的測驗計算出來的泳速，一定游得到，不用給自己太多時間壓力，休息到完全恢復再開始下一趟。如果游太快，下一趟一定要降速，這份課表游快了反而發揮不出效益。

　　如果你的配速是在 25 公尺短池測驗成績計算出來的，有時不得已需要在 50 公尺長池訓練時，每多一個轉身要把計算出來的泳速多加 1 秒。例如 50 公尺要加 1 秒，100 公尺要加 2 秒。反之亦然，在 50 公尺長池測驗出來的泳力與泳速區間，若在 25 公尺短池訓練，每 50 公尺要減 1 秒。

　　週三的 800 公尺課表，每週的強度和距離都一樣，並不需愈游愈快。如果你注意到的話，這四週都游在泳速 2 區，你要追求的目標是「愈游愈輕鬆」。所以我希望每週的 800 公尺時間都差不多，就算覺得輕鬆也不要游得更快。如果你有水中心率帶，可以把每次游完的平均心率記錄起來，（只要你練習夠認真）你會發現在相同的速度下，心率會微幅往下降。這時要忍住，千萬不要游得更快，這是這份課表能發揮最大效益的關鍵。週五與週日的泳訓原則跟週三相同。

　　週四的力量訓練日，在後面會列出力量課表與訓練流程。我們前面提過，有足夠的力量才有優質的技術，所以在這份課表中力量訓練跟游泳訓練一樣重要。

　　週一與週六都是休息日。但如果到了週六還有時間與精力，可以下水練技術。因為週日的課表是一週當中最重要的，所以週六絕不能練太累。週六要訓練的話，只能練技術動作，而技術訓練的關鍵是輕鬆才會有效果。

　　無論是哪一天的課表，目標是游在區間裡，不要超速。每一趟到岸後可以看一下時間，如果達標可以透過拍手或用手拍擊水面，或是任何自己喜歡的儀式來激勵一下自己。記得：我們的目標是游在目標配速內，學會找到水感，愈游愈輕鬆。先不要游得更快，每次課表的訓練只要用上七八成力就好，這是這份課表能發揮效益

的關鍵所在。

　　這四週的訓練量不大，請不要擔心。正因為量少，才能珍惜每一次訓練。因為練完，就沒了。所以如果你真的想改變，在這四週過程中，請不要多練，完全照表操課。訓練過程中別想太多，也別思考太多理論，專心去體會各種訓練所帶來的「水感」就好。

緩和的提醒

　　緩和中再次安排技術訓練的目的是為了找回水感，因為在主課表中高強度或較長距離的訓練後，水感（技術知覺／轉換支撐的敏感度）會減弱，而我不希望泳者帶著此種薄弱的水感結束訓練，所以才會在緩和的環節再重溫一次技術。

　　動作跟熱身是一樣的，但只需要做兩組，你可以選擇熱身時比較熟悉的兩個動作來練，目標是做到跟熱身一樣輕鬆。因為此時體力已比熱身時差很多了，不要選太難的動作，不然水感不容易找回。要挑自己覺得簡單而且比較熟練的動作。每一個技術動作在游進 25 公尺之後慢游 25 公尺，目的一樣是為了把技術訓練時的水感轉移到正常的泳姿之中。

　　緩和環結中安排了兩次輕鬆慢游，分別有不同的目的。第一次是為了讓肌肉和呼吸都放鬆下來，第二次在技術之後，是為了在找回水感時把它延續到輕鬆的慢游中。此時切勿游太快，重點是找到「喜歡游泳的愉悅感」。

每週一次的專項力量訓練日

　　下面這份力量訓練課表是先以「上肢支撐力」為主，如果你自身的穩定度不足，或是更底層的活動度不足，就必須回到「維持姿勢」與「重整優化」為主的課表來加強。

【表 4,17】專項力量訓練課表：以上肢支撐力為主的課表範例

流程	描述：以上肢支撐力為主的課表	時間
熱身 （20 分鐘）	重整優化：活動度訓練 維持姿勢： 1. 俯臥腹部支撐 2. 俯臥手腳支撐 3. 仰姿手腳支撐	6分鐘 5分鐘 5分鐘 5分鐘
主課表 （35 分鐘）	上肢支撐力： 1. 初階伏地挺身 2. 進階伏地挺身 3. 太極拳划手 4. 俯臥雙腳開合跳 5. 雙手登階 轉換支撐： 6. 划船 7. 俯臥棒式換手	 5分鐘 5分鐘 5分鐘 5分鐘 5分鐘 5分鐘 5分鐘
收操 （5 分鐘）	重整優化：伸展 +3D 呼吸	4分鐘
訓練時長總計		60分鐘

- 「重整優化」的6分鐘活動度訓練是指連續做，類似健身界所說的動態伸展，只不過這邊希望 把訓練的重點放在肩與胸椎關節的活動度上面。活動度的課表在上面已經提過了，這邊就不再複述。

- 「維持姿勢」總共安排三類動作，每個動作排五組，共15分鐘，每個動作的訓練時長是1分鐘（包括休息時間）。例如平板支撐的動作，如果做30秒就休息30秒，做45秒就休息15秒，依此類推。這三類動作的倒階／進階說明如下，訓練過程中如果做不到30秒就退回到前一個動作：

1. 俯臥腹部支撐：

⑴ 下半身不動，上半身上抬

⑵ 下半身不動，上半身上抬

⑶ 上下半身一起上抬

⑷ 俯臥身後握拳畫 ○

⑸ 俯臥身後握拳畫 S

2. 俯臥手腳支撐：

⑴ 雙手雙腳平板支撐

⑵ 雙手左腳支撐（抬右腿）

⑶ 雙手右腳支撐（抬左腿）

⑷ 左手雙腳支撐（右手平伸）

⑸ 右手雙腳支撐（左手平伸）

3. 仰姿手腳支撐：

⑴ 雙手雙腳蟹式支撐

⑵ 雙手左腳支撐（抬右腿）

⑶ 雙手右腳支撐（抬左腿）

⑷ 左手雙腳支撐（右手上抬指向天空）

⑸ 右手雙腳支撐（左手上抬指向天空）

範例課表中每一類的五組動作難度是「漸進式」的，也就是說同一系列的動作，第一個動作最簡單，第五個動作最難（難度：1-2-3-4-5）。但如果做到第三個動作就覺得難度太高，第四組時可以降回第二個動作的難度，此時就變成「金字塔式」的課程，下次也可以改成難度：1-2-3-2-1。

- 主課表共有七類動作，每類需要訓練5分鐘，總計35分鐘。這35分鐘如果好好訓練，是非常累人的，訓練的時間和動作不用多，重點是集中精力，把握

動作的品質，反而會比高負重或大量的訓練效果更好。

- 前五類動作在鍛鍊「上肢支撐力」，每類動作做五組，每個動作都需要1分鐘（包括休息時間）。標記「5分鐘」代表要練五組，每一組1分鐘，這1分鐘裡的訓練時長全部都先從30秒開始，之後休息時間30秒（1分鐘為1組），若之後覺得適應了可以延長為40秒，那休息時間就縮短為20秒；反之，如果某些像是進階伏地挺身等較難的動作可以先從20秒開始，休息時就相應延長到40秒。這五類動作的倒階／進階說明如下：

1. 初階伏地挺身：

⑴ 與肩同寬

⑵ 雙手大於一個手掌寬

⑶ 雙手大於三個手掌寬

⑷ 雙手打到最開

⑸ 雙手置於頭前

2. 進階伏地挺身：

⑴ 左手置於頭前，右手置於胸口側

⑵ 右手置於頭前，左手置於胸口側

⑶ 左手置於頭前，右手置於臀側

⑷ 右手置於頭前，左手置於臀側

⑸ 雙手大拇指緊靠置於胸口下方

3. 太極拳划手：

⑴ 左右手交替（第 1 組）

⑵ 左右手交替（第 2 組）

⑶左右手交替（第 3 組）

⑷左手支撐，右手太極拳划手

⑸右手支撐，左手太極拳划手

4. 俯臥雙腳開合跳：

⑴雙手支撐

⑵左手支撐（第 1 組）

⑶左手支撐（第 2 組）

⑷右手支撐（第 1 組）

⑸右手支撐（第 2 組）

5. 雙手登階：

⑴前後上下台階（第 1 組）

⑵前後上下台階（第 2 組）

⑶前後上下台階（第 3 組）

⑷左右上下台階（第 1 組）

⑸左右上下台階（第 2 組）

● 轉換支撐總共兩類動作，每類動作做五組。如果一開始無法以伏地挺身進行換手的動作，就回到四足跪姿，或是加高支撐的高度（例如支撐在跳箱上）；或是你已經夠強壯了，也可以全都以伏地挺身的姿勢進行訓練。這兩類動作的倒階／進階說明如下：

6. 划船（可用彈力帶、啞鈴或其他自由負重）：

⑴硬舉姿勢雙手划船

⑵ 硬舉姿勢右手高舉（手臂貼近耳朵），左手划船

⑶ 硬舉姿勢左手高舉（手臂貼近耳朵），右手划船

⑷ 伏地挺身左手負重划船

⑸ 伏地挺身右手負重划船

7. 俯臥棒式換手：

⑴ 先放下再拉起

⑵ 撐牆：先拉起再放下

⑶ 四足跪姿：先拉起再放下

⑷ 伏地挺身預備式：先拉起再放下

⑸ 摸肩換手（支撐手離開支撐後，手掌才能離開肩膀）

● 收操5分鐘，目的是幫助身體恢復，主課表練完後全身會變緊繃，所以活動度會下降。在收操環節配合伸展動作與透過刻意的呼吸，幫助肌肉與心靈放鬆，同時也使身體的活動度回到熱身前的狀態。

　　上述課表中的動作在第三部都有詳細的圖文解說，在此不再複述。如果你想把動作名稱跟訓練動作快速連結起來，可以利用表 4·17 旁的 QR code 來觀看的動作示範。

去除彌補的心態

　　這份課表經過精心安排，置換勢必會影響訓練效果。萬一真的因為工作或家中要事而無法挪出訓練時間，選擇「跳過」會比「置換」與「補練」更好。這個原則可以讓你更專注在當下與下一次的課表上。

逝者已去，不用再想彌補（交換或補練都是一種補償的心態），盡量減少這種心態可以增加當下的專注力，讓我們學會：珍惜每一次的訓練。因為過了，就沒了！把課表比作佳餚，每一道菜都是有保存期限的美食，而每道菜的保存期限只有一天。更長遠來看，這次的訓練只有四個星期，過了，就沒了，好好珍惜！

　　這個原則可以強迫我們思考：就算明天的工作很忙，但真的完全排不出時間完成既定的課表嗎？更早起床、中午休息、半夜十二點以前……仔細想想還有什麼時間可以利用。如果真的忙到完全沒時間，我還是建議跳過，不要置換，因為工作一天下來十分疲憊，本來就該增加休息時間，對訓練來說，少練一次並非壞事。

　　彌補的心態誰都會有。我之前有一次 10 公里的課表因為出差關係沒跑完，想要補跑，100% 完成課表的念頭一直出現（就算我知道不要補練也擋不住這種念頭），但只要專心在下一次的課表上，就可以讓我逐漸去除這個念頭，而且更珍惜每次訓練的時光。

　　去除彌補的心態＝培養專注當下的心志，透過吃課表所培養出來的這種心志，可以運用在生活中的各種方面。以我自身為例，因為週末常出差，過去會有回家後要彌補家人的心情，但現在轉換成在能夠陪伴的時間裡全心全意地跟她／她們在一起，不再分神、不再彌補，這種心態的轉變帶給我很大的啟發和感動。

測驗／比賽是一種發現自我的過程

　　第四週的週日是第二次 400 公尺測驗，目的是驗收成果（TT：time trial，代表計時測驗）。

　　測驗／比賽都是一種發現自己的過程，好比是在拿身體做一個新的化學實驗，實驗結果會怎樣，誰都不知道，需要你在賽場上專心觀察身心的反應與現象：傾聽身體的聲音，及時滿足身體的需求。認真觀察、找出不協調的部分，即時調整。

　　測驗前的調整是把自己調向巔峰，那「巔峰」是一種什麼狀態，連自己都無法

確認，上場測驗或比賽才能知道，所以如果訓練法正確也認真吃課表的話，測驗／比賽當天的實力其實是一種未知的領域，不應該設限，不應該預設配速，不應一直檢查配速或跟過去比較，只要去做上述的事就會限制住自己的潛力。我們在測驗／比賽要做的不是去比較過去，而是去發現自己的新能力。

注釋：

1. 資料出自：Paul Newsome, Adam young, *Swim Smooth: The complete coaching system for swimmers and triathletes*, United Kingdom: John Wiley & Sons, Ltd, 2012. pp175.

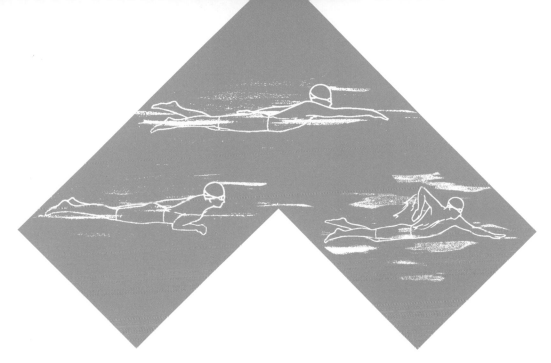

【附錄】

如何教別人游泳？

美國的謝曼‧查伏爾（Sherman Chavoor）是多位奧運金牌得主的游泳教練，在他執教生涯中所指導的選手，曾經打破七十四次奧運紀錄、六十二次世界紀錄、得過二十面奧運金牌，可說是一位能力超卓的游泳教練。有個關於他的故事在泳界傳聞已久。據說某次國際游泳賽結束後，美國隊獲得好成績，隊員們非常興奮地把教練抬起來往上拋了好幾次，後來索性直接把教練給拋進深水區裡，沒想到教練竟然在水裡掙扎，而且逐漸沉入水中。隊員們都以為教練在開玩笑，但過了許久查伏爾都沒有浮上來，這時隊員們才趕快下水救教練。這個故事的真實性有待商榷，但查伏爾的確並非頂尖的游泳選手，在網路上也搜尋不到他的游泳成績。

我舉這個例子，主要想讓讀者了解優秀的教練不見得要是一位游泳高手。「會游泳」跟「會教游泳」是兩種不同的能力。有些選手雖然可以自然而然地掌握水感，但他們不知道自己是如何達到如此完美的泳姿，當然也無法教別人達到。當人們向那些厲害的游泳選手問起要怎麼游時，大多數都說不出個所以然來，就像會騎腳踏車的人，很難理解為什麼有人無法在車上保持平衡一樣。

「教學」是一種能力。就算你覺得自己游得不是最好的，卻可能具有優秀教練的潛力。就像查伏爾雖然不太會游泳，卻具有敏銳的觀察和指導才能。

喜歡游泳的人大都會接到一些教學任務，委託人可能是親朋好友、鄰居，或只是泳池畔不熟的泳客。對這些人你可能會興起教學的熱情，想教會他們游泳，讓他們也能領會到游泳的樂趣，但卻不知從何教起。如果你要教的對象已經很會游而想要再繼續進步，可以參考本書前面的理論、訓練動作、泳力與課表的設計概念來幫助他們。但若對象是完全不會游泳的朋友，教學的重心要有所調整，本章將針對旱鴨子與孩童兩個族群來分享一些簡單的教學步驟，主要是希望幫助對教學有興趣的讀者也可以開始培養教游泳的能力。

1. 如何教旱鴨子游泳？

　　在面對完全不會游泳的旱鴨子時，我建議最好從自由式開始教起。因為只要掌握到自由式的要領之後，仰式與蝶式學起來會比較容易，而且自由式也是四式中動作效率最高的泳姿；如果有意參加鐵人三項或戶外長泳活動，直接從自由式入門是最好的選擇。蛙式雖然相對好學，但因為動作模式跟其他三式很不一樣，所以會影響到自由式的學習，而且游蛙式不只容易踢到人，對腿部的負擔也比較大，並不適合鐵人三項賽。

　　學校游泳課大都從蛙式教起，主要是安全上的考量。因為蛙式比較容易自救。當我們在戶外落水時，蛙式的頭部容易出水面，方便確認岸邊或浮具的方向。但因為蛙式的動作模式跟其他三式差異很大，先學蛙式之後再學其他泳姿反而比較難。依過去的經驗，先學自由式，將來學習其他泳姿的空間也會變得「比較自由」。

　　但自由式要先從哪一個步驟開始教起呢？

　　最先要確認的是：學員是否會閉氣漂浮。閉氣漂浮是指憋一口氣後臉朝下，手腳完全離開池底與池邊，只靠浮力支撐自己全身體重的狀態。如果還不敢憋氣或漂浮在水上，就談不到自由式的教學步驟。閉氣漂浮是學游泳前的基礎能力。如果學員是孩子，還不敢把頭埋在水裡，也不敢讓身體漂浮在水上，就先不要急著教他任何東西，此時他們需要的是遊戲和陪伴，只要他們喜歡下水玩，不久後自然就敢了。

教學第一步：先確認是否會韻律呼吸

會悶氣漂浮後，需要學習的是在水中用鼻子吐氣。

學會在水中用鼻子吐氣非常重要。為什麼？因為相對於嘴巴，鼻子無法自由關閉，所以一般初學者在學習換氣時，常會因鼻子進水而嗆到（嘴巴可以閉起來，所以不容易進水）。因此，如果習慣在水中用鼻子吐氣，保持鼻腔通暢，水就不容易跑進鼻腔裡，嗆水的機率也會下降。

接著練習韻律呼吸，也就是出息與入息之間連續不中斷呼吸訓練：在水中用鼻子吐氣，不要吐完就讓口鼻露出水面，此時再繼續吐氣半秒左右（可以把鼻腔中的水排出），接著再吸氣（因為吸氣時無法控制只用嘴巴吸，鼻子也一定會吸氣，所以把鼻腔中的水排出去很重要），一吸完氣就沉入水中，一入水就立即用鼻子吐氣。入水慢吐，出水快吸。

一開始學習韻律呼吸有兩個主要目的：一是幫助初學者不要總是在水裡憋氣，那會造成身體的肌肉過於緊繃；二是學會在水中吐氣完後快速冒出水面吸氣的基本能力，同時也為將來學習游泳的換氣打下基礎。

學習韻律呼吸時應注意，在水裡吐氣時間要逐漸拉長，讓空氣慢慢從身體裡排出鼻孔，出水吸氣時則要快，而且只吸「一口」就立即下潛（需要求初學者不要在水面停留太久，吸好幾口氣才下潛），一下潛立刻開始吐氣。只要初學者能夠做到「慢吐快吸」而且吐與吸之間連貫不中斷，連續做十五次以上，就算是完全學會韻律呼吸了。

這是一種控制「呼」與「吸」的練習，初學者之所以不敢在水中吐氣只會憋氣，是因為對自己呼吸的控制能力沒信心，害怕在水中會不小心做出吸氣的動作（那就會嗆到水）。韻律呼吸是最重要的基礎訓練，我在教初學者時，每次上課都會做數百次以上，讓學員把這種水上水下的呼吸動作變成習慣。

教學第二步：仰姿平衡

接下來的教學步驟跟第一章減少水阻的訓練動作與步驟很相似（請參考第 36 頁），你可以從旁輔助學員訓練，扶住他的腿，讓他可以更放鬆地以水平漂浮的姿勢，做到轉肩、轉頭與韻律呼吸的動作。

●雙手置於大腿兩側，保持身體水平

這個動作的目的，是先讓初學者學會如何在水面上漂浮打水並保持平衡。一開始先以仰姿進行，因為仰姿不用憋氣，口鼻皆可在水面上自由呼吸，身體比較容易放鬆。如果無法單獨順利漂浮打水，可以先扶著初學者的雙腿，如果還是無法維持仰漂的姿勢，再改扶他的肩膀或頭部，幫助他維持一開始難以獨立做到的「平衡」（圖 1）。

【圖 1】輔助初學者進行仰漂。

這項練習的目的不在於打水前進多快，而在你能否盡量放鬆地漂浮在水面上，而且身體還能保持平衡。「平衡」對游泳來說意義重大，所謂「衡」在古代指的是「秤」，一種利用秤桿的平準與否來量輕重的器具；「平」則是指不偏不倚、不高不低。「秤」（或者說「衡」）是在高低振盪間不斷地測試與調整之下，才能達到水平的狀態。也就是說，第一階段的練習，即是讓初學者不斷在高低振盪間測試與調整自己身體的位置，最終目的是達到「水平的狀態」。

如果不行，也希望能在他人的輔助下達成，而不要利用雙手環抱浮板輔助練習，因為浮板的浮力會破壞身體本有的重心位置。每個人身體的重心位置皆不同，對剛

接觸水中世界的初學者來說，更要用自己的身體來測試與調整，才能學會在自己「身體浮力」下的平衡技巧，而不是去學習「身體＋浮板浮力」的平衡感，那樣的學習通常較難沿用，因為一拿掉浮板，浮力與重心就會改變。

在教這個技巧時有幾點需要注意：

形成頭高腳低的情況怎麼辦？這時你可以提醒初學者：身體向後，頭部直接躺在水中，像躺在柔軟的枕頭上似的，脖子切勿使勁上抬；水面剛好接觸在眼角或蛙鏡兩側的鏡框邊緣。你可以要他想像把 90% 的頭都藏在水中，頭部位置愈低，愈能讓身體維持在平行水面的平衡狀態，如此可以讓身體更貼近水平面。剛開始練習時找人少的水道比較容易進行，如果水道上人很多，必然會因為其他泳客游泳時產生的水波而造成嗆水，這時就可以運用鼻子吐氣的韻律呼吸。訓練他在水中閉起嘴巴，用鼻子吐氣（韻律呼吸）。在吐氣時，流進鼻孔的水就會被排出，鼻孔清空了，吸氣時就不會把水吸進鼻腔。總之，身為初學者的教練，你必須讓他學會不抬頭保持穩定地平衡，就算口鼻進水也不要緊張地抬頭，而是利用已經學會的「韻律呼吸」，利用鼻子吐氣，把鼻腔排空後繼續呼吸與保持平衡。

- 「頭頂－脖子－脊椎」必須一直線，而且這一直線與腳尖所呈現的身體線，不能像「﹀」，而是俐落且修長的直線「——」，你可以想像自己躺在地上量身高，頭頂中正，不抬頭也不低頭。感覺就像是頭髮被人輕柔無痛地拖著在水面上前進似的，教會初學者這樣的想像，可以幫助他把身體拉長與保持流線型的姿勢。

- 練熟後可以獨自打水仰漂，但注意膝蓋不要出水面。如有這種情況發生，你可以提醒初學者兩點：其一，向上打水腳尖甫接觸到水面，便「立即動用大腿下壓」，如此一來，自然會帶動膝蓋與小腿伸直。其二，縮小雙腿甩動的幅度。你必須提醒初學者，這項練習的目的不在「速度」或「距離」，而在「平衡」與「穩定」，如果膝蓋或腳跟出水就會形成水花，雙腿甩動的幅度

過大，就會讓上半身與頭部開始晃動，這樣就失去這項練習的目的。

●仰漂轉肩

一旦你已經能掌握「徒手仰姿平衡」到一定程度後，可以加進「轉肩」的動作。在頭部保持不動的情況下，輪流微幅地轉動肩膀，只要轉到其中一側的肩膀與手臂露出水面即可，而且轉動時要保持原有的「穩定」與「平衡」。許多初學者無法使頭和肩膀分開轉動，你可以提醒學員眼睛盯著天花板的一個點，就比較容易做到「頭不動，身體動」，這是本項練習的關鍵。

【圖2】輔助初學者仰漂時進行左右轉肩。

這個動作在教練的輔助下比較容易放鬆，練熟之後可以獨自打水進行。目標是能夠穩定地維持平衡 50 公尺，一開始可以先從每 5 公尺轉動一次身體開始練習，隨後再慢慢增加轉動的次數，熟習後可以每打六下腿就轉動一次肩膀（圖2）。

這項訓練要特別注意的是，轉動時身體的軸心不能動，也就是頭與脊椎要成為穩定的直線。當學員打水獨自練習時，你無法一直幫他調整動作，有些學員的頭部跟著肩膀轉動了而不自知，此時你可以在學員的額頭上放一杯水，水杯倒了就代表頭晃動了。如果學員能在輪流轉肩的過程中，連續 50 公尺水杯都不掉下來，就算練成這項技術了。

教學第三步：側姿平衡

　　當初學者能熟練地旋轉身體，而且頭部仍能保持不動之後，接著要進行側姿的平衡練習。此項訓練的目的，是幫助初學者學習在水中前進時能習慣水阻最低的體位。因為側身前進時面臨的阻水面積最小，但當身體處在橫臥的姿勢時，平衡難度會增加。剛開始在水中練習側姿平衡時，會像剛學自行車的感覺，好像快要失去平衡，所以會覺得緊張、很難控制。但透過練習，身體會逐漸記得平衡的要領，使接下來加上划手時，身體仍能保持穩定。

　　為了不使肌肉緊繃與降低難度，剛開始進行這項練習時建議由他人輔助，幫初學者把身體各個姿勢「喬」到最理想的位置。學游泳最困難的一點，就是看不到自己的動作，教練的責任之一，就是當學生的眼睛，告訴他目前游的動作，以及該如何調整。但與其用說的，不如直接用手幫他調整姿勢，最直接有效。

　　在雙肩平衡的練習中，雙肩分別在水面上下方，而且兩者連成的直線要與水面垂直，從這條線往後延伸到背部、臀部與大腿，這整個面都應與水面垂直，像是一塊木板側立在水中。只轉動頭部，肩膀與軀幹盡量保持不動。

【圖3】雙手置於股側，把頭藏進水中。　　　　【圖4】雙手置於股側，口鼻轉向水面。

　　整顆頭都藏在水中時，後腦勺、頸部與脊椎保持一直線。臉部朝下眼睛直視池底，微縮下顎（圖3）。只要能做到上述動作，就能確保下半身不會過沉。當臉部朝向池底時先用鼻子吐氣，邊吐氣邊轉頭，直到臉部出水才吸氣（圖4）。可以提

醒初學者保持臉部出水的姿勢，直到呼吸調整順暢之後再做動作，不用急著轉回來。

當你不用花太多力氣，學員就能在水中維持側臥的平衡姿勢時，就可以開始加入打水向前移動，目標是打水與移動時仍能保持相同的平衡與放鬆。雙腿在打水時，幅度愈小愈好，提醒初學者打水時不要太用力，只是輕鬆地用前大腿小幅度地甩動而已。一開始速度不重要，開發不同姿勢的平衡感與放鬆的感覺，才是這些練習的目的。

熟悉之後改把單手向前延伸，單臂前伸時身體質心向前移動，下半身比較容易浮起來（圖 5），但因為舉手的動作，限制了轉頭的肌群，所以轉頭換氣時很容易帶動手臂與軀幹一起轉動（圖 6）。這個問題在短時間內無法解決，需要先打開關節的活動度才能改善。

【圖 5】單手前伸側姿平衡，臉部朝向池底。　　【圖 6】單手前伸側姿平衡＋轉頭換氣。

如果學員在轉頭時，前伸手無法保持靜止不動，建議多加強關節的活動度訓練。本書的第三章有肩關節和胸椎關節的訓練課表，時間不長，很適合當作下水前的準備活動，長期練下來才能解決不穩定的問題。如上圖中的學員就是這種情況，他在轉頭換氣時，前伸手會跟著向前轉動，這代表他的穩定度不足，而這個不足並非核心肌力不夠，而是來自於關節活動度。

教學第四步：單手前伸打水前進＋轉頭換氣

　　延續前一個單手前伸側姿平衡的動作，接著要加入打水前進的元素。手臂前伸時，身體線也因此加長，水阻變小，前進的感覺會變得更明顯，有助於初學者體會到前進的成就感。但如果加上打水後身體就會晃動，或換不到氣。一開始可以先由他人牽引（牽著前伸手往前走，學員自行保持平衡與轉頭換氣的動作），讓初學者「體會」到所謂的「俐落且修長的身體線」是什麼樣的感覺。那種體會可以幫助初學者的身體烙印下低水阻的良好印象。

【圖7】單手前伸側姿平衡，臉部朝向池底。　　　【圖8】單手前伸側姿平衡＋轉頭換氣。

　　前伸手的掌心要保持朝向池底，而且不能高於肩膀（圖7）。很多初學者在前伸手臂時會過度緊繃，而把手掌向上抬（甚至抬出水面），前端「向上翹」的結果，會使得頭部與下半身相對地「向下沉」。手掌應該略低於水平線，除了平衡身體的蹺蹺板，也有助於划手時水感的形成。

　　這項訓練的關鍵在於「轉頭換氣時，雙肩與前伸手都要『盡量』保持不動」（圖8）。這裡說「盡量」的意思，是因為大部分的初學者都會不自覺地移動手臂，如果是技術上的問題，透過指導與提醒可以改正，不過依過去的經驗，絕大多數泳者在練這個動作時，手臂無法保持穩定的原因是關節活動度不足造成的。當泳者的關節活動度不足，造成技術上的缺點或穩定度不足時，你現場講再多、教得再認真也沒有用，必須花時間練活動度才能改善。

教學第五步：直臂划手

當上述四步的動作都熟悉而且軀幹也能保持平衡之後，接著要在「轉肩」的過程中加上划手的動作了。

在剛開始學習划手時，我會建議先從「直臂划手」教起。先別糾結在動作細節上，像高肘划手與提臂的動作都先不教，直接請學員用手臂繞圈划手，先能游起來、能換到氣、能前進、能腳不點地游完一趟，更能帶給初學者大量的信心與學習動力。一開始就教太細的划手動作，學員會想太多，反而不容易學會。

所以開始進展到划手動作的教學時，我只教「手指向天空再繞半圈指向池底」，就這麼一句原則，等他們能連續游，而且所有動作都練得很順之後，才開始調整划手的動作。

在剛開始練習划手的動作時，請學員先把注意力放在維持身體的平衡上，不用在意「何時划手」或「該划多快」的問題。不少學員會擔心自己的動作做錯，或是划手的時機掌握不好。這時身為教練的你應該多給他一點信心，給他明確簡單的指令，划手的動作只要先想著「手指向天空」，接著「再繞半圈指向池底」（圖9），若教學對象是小朋友，就直接告訴他們「手臂輪流繞圈圈」。

當初學者掌握「直臂划手」的動作之後，可以改成划三次或五次之後才再轉頭呼吸，這可以訓練初學者在轉肩與划手的過程中放鬆身體，不至於太過用力打水與划手。如果三次換手時初學者就變得氣悶很想換氣，這代表動作太過用力，耗氧量過多，可以請他先划慢一點，如果還是覺得喘不過氣來，就應該再退回到前一步「單手前伸打水前進＋轉頭換

【圖9】單手前伸打水，原本置於大腿側的手臂在空中畫一半圓入水。

氣」來練習。

　　當初學者能輕鬆地以直臂划手游 500 公尺之後，基本上已經入門自由式，不算旱鴨子了。

　　接下來目標是：

1. 學習高肘提臂的技術，也就是提臂後放鬆手肘與手掌，讓肩膀帶動手臂往前移動，直接在頭前入水（請參見第 42 ～ 47 頁的訓練動作）。
2. 運用第一章的訓練動作來微調身體在水中的位置，藉此降低水阻。
3. 運用第二章的理論與動作來提升水感與推進力。
4. 運用第三章的訓練動作來提升自己的活動度與支撐力，以及提臂與打水時的穩定度。
5. 運用第四章的課表來提升自己的成績。

2. 如何教孩子游泳？

【圖 10】2003 年我剛開始教孩子們游泳。

如果你要教小朋友游泳，第一堂課你會教什麼？

清華大學的李大麟教練帶領我進入游泳教學的工作，從大三暑假開始持續好幾年，在新竹市、竹東、中壢與花蓮都教過小朋友游泳，直到研究所畢業後開始其他工作才中斷。現在，又開始教自己的小孩游泳。面對上面的問題，我的答案都一樣：「一開始什麼都不教，先陪孩子玩水。」

一定要先等孩子適應水裡的浮力與失重感後，覺得待在水裡很舒服，喜歡下水之後再開始教技術性的「動作」（盡量少用知識性的語言說教）。面對學游泳的孩子，我個人秉持著運動「教」「養」的理念教小朋友游泳。

教：把自己會的某些知識與技術傳授給孩子。

養：孩子本身已具備能力，我們只是試著培養那些本來就有的能力。

近年來常看到父親在花蓮農地上種植各種果樹與菜苗，樹苗剛買來時還不到膝蓋高，兩個月後已經長到跟肚臍一樣高了。對植栽來說，只要記得澆水與施肥，輔以消除外來的病蟲害，它們就會自然成長茁壯，「成長」對植栽來說是與生俱來的能力，父親只是外力的輔助而已。我們並不用「教」它們生根長葉子與開花結果，只要適當「培養」——陪伴與養護，它們就會自然茁壯。

先陪伴孩子玩水，適應水性之後再開始教學

對孩子來說，「游泳」是天生具備的潛在能力，我們首先需要培養的，是孩子天生好動與愛玩水的天性。直到孩子熟悉水性之後，第二步才需要藉由教練的「外在知識與技術」進行修正。對孩子來說先培「養」再「教」學是最佳的學泳方式。

「陪伴」非常重要，它是教育的基本功，不管是專業的教練還是教小朋友游泳，在進入未知、挑戰舊習、突破瓶頸或訓練枯燥的基本動作時，陪伴都能起很大的作用。有些小朋友我根本不用教太多，只是陪他玩水，給一些簡單的教具，他就能自己玩出自己的泳姿。雖然此時的泳姿大都偏離標準，但一點都不要緊，我們就是要「等」，等到他在水裡玩得優游自得後再來教他動作。

教小朋友游泳以引導為主，傳授技能與知識為輔。我主要是在引導孩子找到在水中更輕鬆的前進方式，讓他們自己去找到水感。如果直接教他們轉肩與提臂的各項細節，反而會打壞他們憑直覺發現水感的樂趣。

跟小朋友不能講太多道理，本書前面的科學知識、動作專有名詞、訓練概念與理論對他們都沒用，這也是我認為教小朋友游泳跟成人最大的差別。我們不是要去教他們，而是去開發他們天生本有的「水性」。

培養孩子水性最重要的關鍵是前面提到的「陪伴」，這是每一位父母親都做得到的。陪著孩子在水中做各種活動或遊戲，不用嚴肅地教他們什麼，只要陪著他們

玩水（陪伴），照顧他們的安全（養護）。只要這樣，他們的身體就會自然地成長茁壯，因為只要喜歡待在水中，就算是玩水也能促進孩子的肌肉、骨骼、關節與韌帶發育，使孩子體格健壯，身材健美勻稱。

我自己的小孩在二〇一五年出生，一歲多我就帶她到溪裡與游泳池玩水，她是個謹慎的孩子，很會保護自己，所以陪她玩了一年之後才敢偶爾讓口鼻沒入水中，雖然她還不敢把整個頭部沉入水裡，也不會漂浮或打水，但她一直很喜歡游泳，總會要我帶她去溪邊或泳池，這比什麼都重要。因為我相信她本來就有能力在水中自由自在地鑽進鑽出，只是需要時間而已。

要教會孩子專門的技術並非每一位爸媽都做得到，比如划手的技術、打水的技術、換氣的技術，這是屬於專門知識。但所有的父母親都可以陪伴孩子玩水，相對於學會游泳，陪伴孩子玩水、養成基本的水性與培養游泳的興趣更為重要。

過去在教游泳時，許多媽媽常會問我幾歲讓孩子學游泳比較適合？愈早學愈好嗎？

實際上，並不是愈早學游泳愈好，而是愈早接觸水愈好。孩子小的時候家長可以多帶孩子在水裡玩，先培養水性，先喜歡水。年紀太小就送給專業教練教，教練根本無法把知識與技術教給孩子，因為學游泳技巧需要一定的理解能力，孩子太小無法理解，效果不會很好，只是浪費學費而已；再者，孩子根本還沒花時間適應水性，教練在前幾堂課也只能陪著孩子適應，這些本來都是父母可以自己完成的（也有助於培養親子關係，建立親子童年的美好回憶）。總之，先培養孩子的水性之後，再交給教練，學習上比較有效率，孩子也學得比較愉快。

引導孩子適應水性的方法：培養孩子適應水中的浮力

孩子怕水是來自潛意識層的兩個層面，必須花時間去陪伴與引導。其一是害怕口鼻進水，在幫嬰兒洗頭或洗臉時，臉部一碰到水他們就會哇哇大哭，因為口鼻塞

住了就會死亡，這種恐懼是動物與生俱來的。其二是害怕失重，習慣用雙腳移動的我們是用腿部來支撐體重，在水中，部分的體重會被水的浮力支撐，愈多比例的身體浸在水中，浮力愈大，雙腳的踏實感就會愈輕。人天生就會對失重感到恐懼，就像做雲霄飛車，我們雖然只是坐在車上沒有運動，但一直處在失重狀態，心跳會加速，肌肉也會變緊繃。

對於剛進入水中的孩子來說，在學習閉氣之前，最好先花時間適應水中的失重狀態，它是學習游泳的第一步。如果失重的恐懼沒有先適應就直接進行動作教學，他們會一直處在身心的「緊張」狀態，不只肌肉放鬆不了（會一直下沉），心理的緊張也會造成學習效率低弱。為了讓他們在水中能放鬆，下面分享幾個簡單的方法：

第一招：站在淺水處用手掌撥水

練習順序：直立撥水 → 彎腰撥水

手掌像是槳面，用它來回撥動水面，可以讓孩子感受到掌心形成的水壓，撥水時體重會略微轉移到手掌上。習慣以後，可以進一步往前彎腰，讓水的浮力承擔更多比例的體重，讓孩子愈來愈不害怕把體重從腳上移開，交給水的浮力去支撐。比較勇於嘗試的孩子，很快就敢利用搖櫓式划水讓身體浮在水面上。

第二招：水中跑步

練習順序：水中向前跑 → 張開手臂跑 → 向後跑 → 閉眼跑

跑步的每一步都會經歷失重的狀態，所以水中跑步有助於孩子體驗到水中的浮力與阻力，多練習幾次之後，對水的恐懼感就會慢慢消失。跑步時，引導孩子只讓頭浮出水面，肩膀以下沒入水中，如此一來可以加大浮力，提高失重感，但如果孩子害怕不敢跑，帶他們到較淺的地方練習。熟悉之後可以張開手臂

跑，此時手掌上感覺到的壓力是身體轉移到手掌上的體重，這將有助於未來划手水感的開發。也可以改成閉眼跑與向後跑，但要提醒孩子不要往後看，這是一種對水的信任練習。

第三招：在水中跳躍前進

練習順序：向前跳 → 側向跳 → 揮臂跳

若孩子已經可以在水中開心地自由跑步，接下來再引導他們學習「水中跳躍」就會容易許多。水中跳躍可讓孩了短暫體驗到漂浮的感覺。跳動過程中不要讓胸口浮出水面，引導他們向前跳，而非往上，比較有助於孩子體會在水中漂浮前進的感覺。

【圖 11】側向跳躍。

接著可以讓孩子體驗側向跳，此時阻力較小，漂浮時間將延長。除此之外，我也會請孩子在跳起騰空後，像小鳥一樣拍打翅膀（揮臂）在水中飛翔。目的都是為了讓他們體驗失重、漂浮，以及學習用手掌支撐體重。

第四招：抱著浮板前進

練習順序：抱浮板行走 → 將浮板壓著行走 → 用手撐著浮板跳躍
倒階練習：壓浮板 → 踩浮板

熟悉徒手跑步與跳躍之後，可以運用浮板。先從「抱浮板水中行走」開始。浮板的浮力會使腳底的失重感大幅提升，很多孩子會很懼怕這種感覺，此時就要倒回到前三招的練習，或是換一個較小的浮板。抱浮板走路沒問題之後，接著改成「將浮板壓在水中行走／跑步」，這可以把更多腳上的體重轉移到手上。再來，把浮板上持續性的壓力，改成有節奏的反覆下壓浮板以及讓它浮起，也就是「用手撐著浮板跳躍」，這並不是要孩子跳得更高，而是希望他們離地時間更久。以上浮板練習，可以引導孩子在學習正式的游泳技術前，先體驗用手掌支撐體重的感覺。看起來在玩遊戲，但對將來手掌上的水感開發很有幫助。

【圖 12】抱浮板行走或跑步。

有些孩子會很害怕浮板練習，這是因為失重的天生恐懼感，沒關係，不要強迫。你可以想些簡單的浮板遊戲，讓他慢慢學會把體重轉移到手掌與浮板上。我常帶小朋友玩的是「壓浮板」，把浮板壓下去再放手讓它快速地浮起來，其實下壓的過程就是引導孩子把體重轉移到浮板上。讓孩子多玩幾次，之後再問他是否能把浮板壓到水底用腳踩住不讓它浮起，把浮板壓下去踩在腳底通常都會讓他們很有成就感。（這項練習要挑浮力小的比較容易達成，小朋友的體重不夠，太大塊的成人浮板他們踩不下去，反而會增加挫折感。）

第五招：浮板漂浮

練習順序：抱浮板漂浮 → 坐浮板漂浮

能夠撐著浮板跳躍之後，接著請孩子抱著浮板，屈起身體，利用腹肌使大腿貼

齊浮板邊緣，頭部以下全浸
在水中，使雙腳完全離開池
底。剛開始你可以先幫助孩
子的身體保持平衡。

能夠獨自抱著浮板漂浮而且
完全不怕之後，接著可以挑
戰坐在浮板上，雙手打開撥
水平衡。這兩個都是完全浮
在水中的初體驗，對孩子來

【圖13】抱浮板漂浮。

說也是有趣的遊戲與挑戰。

但如果孩子不敢離地怎麼辦？孩子不
敢「放腳」離地的原因是浮板在水中
會動，所以孩子會有不安全感，倒階
的方法是改撐在岸上或水道繩等相對
比較穩定的物體上，他們就敢「放
腳」離地了。

方法還有很多，只要有助於孩子把體
重轉移到岸上、水上或浮板上皆可。
關鍵是要設計成遊戲的感覺，不要用
命令式的口氣叫孩子做這些動作。重

【圖14】坐在浮板上。

點是陪他們玩這些水中遊戲，先不要急於追求練習的成果。

小朋友不敢閉氣怎麼辦？

前面提過，孩子怕水的原因分為腳上失重的恐懼以及吸不到空氣的恐懼。我看過有些教練是用「驚威並施」的方式來逼孩子學會閉氣，直接把孩子的頭壓在水裡，這樣的確很有效率，壓幾次之後就敢閉氣了。但我通常都會用比較沒有效率的方式慢慢引導，像我自己的小孩就引導了快一年才敢把口鼻都沉到水裡。

我的引導方式是先教孩子用嘴巴在水面上吹出水波，接著讓他慢慢把嘴巴沉入水中吹出泡泡（鼻子先留在水面上）。熟練後就試著問問：「我們用泳鏡下去看你吐出來的氣泡好不好？」其實在水裡學會吐氣是學會憋氣的第一步，只要會一直吐氣，自然就閉氣了。

對游泳來說，在水中閉氣的情況本來就很少。為了縮短換氣的時間，頭在水中時會持續吐氣，轉頭換氣時就不用花時間吐氣，直接吸氣就可以再把頭轉回水中了。過度閉氣會造成胸腔過度緊繃等問題，所以我們要教的其實不是悶氣，最終的目標是學會在水中用鼻子吐氣。

若小朋友完全不敢將頭沒入水中，可用下列方法循序漸進的引導：

第一招：在水面上吹出漣漪。讓孩子建立水與自己吐出的氣泡之間的關係。

第二招：只讓嘴巴沒入水中吐泡泡。先只用嘴巴吐，吐完後出水面吸氣，吸完立即下水吐泡泡，過程中鼻子都先不要下水。這項練習有助於未來「韻律呼吸」的學習。

第三招：先訓練孩子在水面上用鼻子吐氣。把手指放在孩子的鼻子前面，要他嘴巴閉緊，用力把空氣從鼻孔吐出來，隨後張嘴吸氣，接著再閉緊嘴把空氣從鼻孔用力噴出。當孩子可以在水面上控制空氣從鼻子進出後，接著下水進行韻律呼吸會比較容易。

第四招：口鼻皆沒入水中用鼻子吐氣（圖 15）。學會第三招之後（通常要練習好幾次），可請孩子戴上泳鏡，緊閉嘴時用鼻子吐氣，接著快速沉入水中數到三再上來，整個過程中都不要停止吐氣。如果能做到這個地步，他慢慢就不會害怕把口鼻沒入水中，也能開始學會憋氣了。

【圖 15】口鼻皆沒入水中用鼻子吐氣。

韻律呼吸：學會換氣的基礎

若孩子已經敢將頭部沒入水中用鼻子吐氣，接著要教孩子養成「韻律呼吸」的習慣，也就是頭部一入水就慢慢用鼻子吐氣，一出水面就吸氣。因為嘴巴可以閉起來所以比較沒有嗆水的問題，一般孩子的嗆水都發生在鼻腔，因此要讓孩子養成用鼻子吐氣的習慣，因為鼻子保持吐氣，水就不會跑進鼻腔裡。

下列兩種方法有助於循序漸進地引導孩子學會韻律呼吸：

第一步：入水慢吐，頭部出水發出「噗」聲後吸氣隨之入水。為什麼要發出「噗」聲呢？因為發「噗」聲之前必須緊閉嘴巴，可以讓孩子習慣在水中閉緊上下脣，而且頭部出水後發出「噗」聲，可以把從頭頂流下來的水噴開，這樣孩子吸氣就不容易吸到水。換氣時吸氣時間愈短，身體愈不容易失衡與下沉。所以一開始讓孩子學習韻律呼吸時就要練習「慢吐快吸」的方式。

第二步：增加重複次數，牽著孩子一起做。在水中看著孩子，要他跟著你一起用鼻子吐氣，一起來發出「噗」聲，只吸一口氣之後，隨即沉入水中（圖 16）。水中吐氣與水上吸氣之間要連貫。一旦孩子能重複做三十次以上，就可以慢慢牽

【圖 16】牽著孩子一起做韻律呼吸。

引他進入深水區（水深超過孩子身高的區域），引導他挑戰深水區，克服水把全身淹沒的恐懼感。教他跳起來快速讓頭露出水面吸一口氣之後，潛入水中慢慢吐氣，吐完再蹬池底跳出水面吸氣。你可以陪孩子從淺水區跳到深水區，再跳回來。這也是教導孩子在泳池中自救的方式。

憋氣與下潛：控制身體在水中的浮力

等孩子熟練韻律呼吸的技巧後，再開始讓他學習全身沒入水中的憋氣與下潛。若一次吸太大口氣，身體是沉不下去的。你可以開始教孩子如何透過吐出身體裡的空氣來幫助身體下沉：把頭沉入水中之後，開始吐氣（口鼻皆可）（圖 17）。如果吐得不夠快，身體就會浮起來，或是只下沉一點點。學會吐氣讓身體下沉之後，可

【圖 17】穩定吐氣，身體就會逐漸下沉。大部分的小朋友都很喜歡這個遊戲。

【圖 18】把身體裡的空氣吐光後，身體就會完全沉到池底。

以改成俯臥姿勢，讓身體慢慢沉下來。可以讓孩子挑戰全身貼到地面（圖 18），雖然這並不容易，但把它當成遊戲，「看你可不可以趴在池底睡覺」我會這麼引導小朋友，設立各種挑戰。

這項練習可以讓孩子體驗到一邊吐氣身體一邊在水中下沉的感覺，亦有助於孩子學習邊吐氣邊保持放鬆，同時體驗到身體逐漸下沉的趣味。除此之外，也可以訓練小朋友持續且穩定地吐氣，有助於將來換氣的學習。因為吐氣 / 放鬆 / 下沉的感覺，會讓小朋友記得在水中吐氣時身體的放鬆感，日後游泳時身體比較不會那麼緊繃。

教學時盡量不使用「不要……」開頭的話語

盡量使用正面性回饋用語。比如說：孩子在練習換氣時頭會抬得很高，以致下半身太沉。別用「頭不要抬那麼高」這種沒有用處的指令示用語。你可以說：「很好，每次都能換到氣了，現在換氣時改把水中的耳朵貼在肩膀上，讓其中一隻眼睛沉在水裡，看這樣你還可不可以換到氣？」

肯定孩子已經做到的部分，接著設立挑戰，讓孩子在自己已經會的動作基礎上，更進一步往前行，從挑戰中摸索出更輕鬆自在的泳姿。而不是只挑出缺點指正，完全否定他已經學會的部分。

鼓勵：「很好，你真努力」而不是「很好，你真聰明」

對出生之後都待在陸地上的初學者來說，要把衣服脫掉換上泳衣泳褲，重新面對一個陌生的水中世界，身心的掙扎不是已經會游泳的你我所能體會。

鼓勵做得好、做得對比指出缺點，更容易讓初學者有動力繼續學游泳。鼓勵的話語可以分為兩種類型：「很好，你真聰明」或是「很好，你真努力」。如果你時

常用「你真聰明」讚賞孩子某個動作練得很好，小朋友會以為他之所以能做到是因為自己很聰明，而不是因為努力練習。在學習的過程中，這會帶有某種暗示：無須努力即可成功，因而使孩子失去努力做到更好的動力。而且，一旦做不到接下來更難的動作，他們會以為自己「不再聰明」了，覺得自己沒有「做這個動作的聰明」，因而輕易放棄。反之，如果時常肯定孩子的努力，即使一開始做不到較難的動作，孩子也不會失去信心而覺得自己做不到，他會認為這是因為自己努力不夠，這樣孩子就不會因為一直喝水、一直沉下去或一直做不到維持身體穩定的平衡動作而中途放棄。想學會游泳最重要的是持續努力。

【後記】游泳的教與學

　　在學習游泳的道路上，許多挫折感的形成原因出在同時顧慮太多訊息：入水點、划手的軌跡、高肘的角度、推水的時機等一連串的細節。與其在腦中同時置入這些眾多細節，不如只專注在一件事上，比較容易把錯誤改正。

　　不管你教學的對象是自己還是他人，不要一次就指出許多需要改進的缺點，每次只交代一件事，讓學生（或自身）專注在其中一個最需要改進的問題點上，通常是有助於改善其他小缺點的關鍵動作。例如轉肩不夠的問題如果改善了，不但可以減小游進阻力，還能使提臂時間縮短，避免手臂超過中線入水。所以某些小問題的發生可能有其根本因素存在，這是身為教練必須藉由觀察與思考後，才能下正確的判斷，交代有效的訓練指令。

　　在開課表給學生練習前，我會先解釋為什麼要練這個，讓他清楚知道自己練習的目的，而不會只是讓學生盲目地瞎游，他必須知道自己在做什麼。練習中，教練必須一直反覆地用不同的方式強調同一個重點。因為學生在水中看不到自己的動作，你必須當他的鏡子，即時反應他的動作，讓他知道目前游得是否達到此次訓練的目的。尤其當他做對時，更要大聲地讚揚「很好，就是這樣！」讓學生知道自己做對了，接下來就是持續保持，讓動作逐漸刻印在身體裡。

　　《禮記‧學記》中有一段話：「是故學然後知不足，教然後知困。知不足然後能自反也，知困然後能自強也。故曰教學相長也。」的確如此，每次教完課自己在練習時都會覺得煥然一新，屢試不爽。我想是因為教學時，為了向學生解說，那些

動作已經在腦中又複述了好幾遍，產生更強烈的連結，所以技巧的知覺被教學的動作給開發出來了，當身體實際開始游時，就能變得更精確與靈敏。開始教游泳之後，每次都會思考學生泳姿上的問題與解決方法，像為什麼他們的腳會下沉、為什麼會換不到氣……等。對我來說，教游泳的經驗使我重新發現沒有注意到的困境，與思考解決此困境的方式，這過程總是讓我在游泳訓練上能有新的體悟，想分享這些體悟的心情則促成這本書的誕生。希望這本書對喜歡游泳的你有所幫助。

- 訓練示範動作 QR Code 一覽表

第 1 章：[技術] 減少水阻的訓練方式

第 2 章：[技術] 水感與推進力的訓練方式

第 3 章：[力量]「肩關節」活動度優化課表

第 3 章：[力量]「胸椎關節」活動度優化課表

第 3 章：[力量] 支撐力：強化上肢支撐體重的能力

第 3 章：[力量] 重整優化：活動度是力量與技術的基礎

第 3 章：[力量] 維持姿勢：維持部分身體穩定不動的能力

第 3 章：[力量] 轉換支撐：快速換手的能力

第 4 章：[課表] 專項力量訓練日：以上肢支撐力為主的課表範例

第 4 章：[課表] 熱身：力量啟動

第 4 章：[課表] 熱身：活動度